탈무드 필사

손으로 읽고 마음으로 쓰다

옮긴이 최영
대학과 대학원에서 신학을 전공하였고,
미국에서 박사 과정을 밟았다.
30년 동안 줄곧 성서 원어인 헬라어를 집중 연구하고 있다.
연구 저서로 『마태복음 원전 분해』, 『마가복음 원전 분해』,
『로마서 원전 분해』가 있다.

※ 필사로 옮길 때 연필을 사용하시면 손끝의 느낌이 새롭고 좋습니다.

탈무드 필사

옮긴이
최영

차 례

1. 시작
- 탈무드 들어가기 · 9

2. 지혜
- 신을 알고자 하는 열망 · 11

잠언3장 13~18절 12 / 잠언4장 7~9절 14 / 삶 16
탈무드를 배울 때 18 / 질투 20 / 솔로몬의 재판 22 / 어떤 유서 26
잘못된 재판 28

명언 30

3. 전통
- 탈무드의 역할 · 35

로스차일드 집안의 유언장 36 / 잔치의 자리 38 / 장님의 호롱불 40
삶은 달걀 42 / 귀한 손님 44 / 마술 사과 48 / 진정한 친구 52
보트의 구멍 54 / 상복 56 / 갈릴리와 사해 58
유대인 어머니가 결혼하는 딸에게 60 / 진정한 자선 62

명언 64

4. 교육
- 유대인의 교육 · 67

요하난 벤 자카이 68 / 야브네 랍비들 72 / 자기 인정 74
배움과 실천 76 / 스승의 중요성 78 / 현자가 되는 길 80

명언 82

5. 랍비

- 랍비 · 87

랍비 힐렐 88 / 배려 90 / 나귀와 개와 램프 92
죄 있는 자가 먼저 돌로 치라 94 / 랍비 아브라함 96

명언 102

6. 탈무드 유머

- 탈무드의 광대함 · 107

랍비의 모자 108 / 죄수의 기도 110 / 말하는 당나귀 112
재담가 114 / 랍비와 양복점 주인 116 / 아빠와 아기 118
아들의 끈기 120 / 훈장 122 / 원상 복귀 124 / 특별한 약 126
처방전 128 / 소변 검사 130

명언 132

7. 자기 성찰

- 유대인의 역사   135

능력을 찾지 못한 새 136 / 돌판 조각 138 / 농부의 뜰 140
양치기 목동과 피리 142 / 포도원 품꾼 144 / 거미와 모기 146
도둑 동생을 둔 랍비 150 / 목소리는 작게, 빵은 크게 152
더 큰 도둑 154 / 포도원의 여우 158 / 말과 성자 160
참회 162 / 교만을 버리라 164 / 진짜 바보166 / 솔로몬의 딸 168
두 가지 시간 170 / 강자와 약자 172

명언 174

8. 공동체

- 누가 유대인인가? · 177

죄 인식 178 / 한 몸에 두 개의 머리 180 / 인간 182 / 울타리 184
모두가 하나다 186 / 방종의 최후 188 / 한 사람의 소중함 190

명언 192

9. 성서

- 성서 · 195

토라와 안식일 196 / 동해복수법 198 / 진리 200
보이지 않는 눈 202 / 소중한 보석 204

명언 206

10. 선과 악

- 유대인의 힘 · 211

짝 212 / 선함과 악함 214 / 혀의 중요성 216 / 혀의 양면 218
세 자매 220 / 비방 224 / 양에서 돼지로 226 / 배부른 코트 228

명언 230

11. 심리

- 탈무드의 구성 · 237

바이블 238 / 탈무드의 위대함 239
고난 240 / 우둔한 신자 242 / 누가 도둑인가 244 / 왕의 꿈 248
정말로 가난한 자 252 / 칠면조 254 / 깨진 그릇 256
사자와 인간사 258 / 야곱과 아내 260

명언 262

12. 돈

- 유대인의 금융 · 265

돈의 가치 266 / 유대인들이 인간을 평가하는 세 가지 기준 268
거절의 고수 270 / 기부금 272 / 바보들의 장사 274
이승과 저승 278 / 공짜 280 / 의사와 악마의 차이 282

명언 284

13. 가정

- 결혼이란? · 287

아담과 여자 288 / 아담과 아다마 290 / 거룩한 성 292
잔소리하는 아내 294 / 말로 표현하라 296

명언 298

14. 마침

- 탈무드 나가기 · 303

1
·
시작

탈무드 들어가기

탈무드에는 이런 말이 있습니다.
'인간의 눈은 흰 부분과 검은 부분으로 되어 있는데, 어째서 신은 검은 부분을 통해서만 사물을 보게 만든 것일까?'
그리고 이런 답이 적혀 있습니다.
'인생은 어두운 곳을 통해 밝은 곳을 보아야 하기 때문이다.'

하늘에는 많은 별들이 떠 있습니다. 낮에는 별들이 보이지 않습니다. 그런데 밤이 되면 무수히 많은 별들이 보입니다. **어두워지지 않으면 별은 빛나지 않습니다.**
오랜 세월 뱃사공들은 밤하늘에 별자리를 보며 길을 찾았습니다. 유대인들은 오랜 세월 그 별을 보고 인생의 길을 찾았습니다.
탈무드는 바로 유대인들에게 별과 같은 존재입니다.

2
·
지혜

신을 알고자 하는 열망

성서에 계시된 신의 존재를 좀 더 인간이 이해하려고 노력한 결과물이 탈무드입니다.

성서에는 수많은 지혜를 담고 있는 곳이 있습니다. 바로 잠언입니다. 영어로 Proverbs라고 합니다. 우리말에 속담, 명언이라는 뜻입니다.

잠언 9장 10절에 '야웨를 경외하는 것이 지혜의 근원이요 거룩한 자를 아는 것이 명철함이라'고 하였습니다. 이스라엘의 신의 원래 이름이 '야웨'입니다. 유대인들은 이러한 '야웨' 신을 알고 가까이 하는 것을 인생에 목적으로 삼았습니다.

탈무드는 바로 이러한 '야웨'에게 인간이 조금 더 가까이 다가가고자 하는 노력의 결과물입니다. 지혜의 근원을 찾아가다 보니 탈무드에는 수많은 지혜로운 것들이 담기게 되었습니다.

한마디로 탈무드는 '불완전한 인간이 완전한 신을 조금이라도 더 알고 찾고 만나고자 하는 열망들이 담긴 책'이라고 할 수 있습니다.

잠언3장 13~18절

지혜를 찾고 깨달음을 얻는 사람은 행복하다.
그것이 은이나 금보다 더 가치 있고 유익하기 때문이다.
지혜는 보석보다 더 귀하니 네가 갖고 싶어 하는 그 어떤 것과도 비교할 수 없다. 지혜의 오른손에는 장수가 있고 그 왼손에는 부귀와 영화가 있으니, 그 길은 즐거운 길이고 그 모든 길에는 평화가 있다.
지혜는 그것을 붙잡는 사람에게는 생명나무니 지혜를 붙드는 사람은 복이 있다.

유대인들이 지혜를 중요하게 여기는 이유를 알 수 있다.

잠언4장 7~9절

지혜가 제일이니 지혜를 얻으라.
네가 가진 모든 것을 희생하고서라도 깨달음을 얻어라.
지혜를 존경하여라.
그리하면 그가 너를 높이 들리라.
지혜를 붙잡으라.
그리하면 지혜가 너를 영광스럽게 할 것이다.

삶

한 남자가 급히 가고 있었다.

랍비가 물었다.

"어딜 그렇게 급히 가고 있습니까?"

"삶을 쫓아가려고 합니다."

랍비가 다시 물었다.

"삶을 쫓아 달려가고 있단 말입니까? 어리석군요. 삶은 당신 앞에 있는 것이 아니라 뒤에서 당신을 쫓아오고 있답니다. 그러므로 가만히 가다리면 됩니다. 그렇게 서두르면 오히려 삶에서 도망치게 됩니다."

탈무드를 배울 때

탈무드를 배우고 싶은 사람이 랍비를 찾아갔다. 랍비는 그 사람이 탈무드를 배울 자격이 있는지 테스트 했다.

"두 아이가 굴뚝 청소를 했소. 한 아이는 얼굴이 새까맣게 되어 내려왔고 한 아이는 얼굴에 그을음이 묻지 않았소. 당신은 어느 아이가 얼굴을 씻을 것 같소?"

그 사람은 당연하다는 듯이 말했다.

"그야, 얼굴이 더러운 아이겠지요."

그러자 랍비가 대답했다.

"틀렸소. 그을음이 묻은 아이는 상대방 얼굴이 깨끗하므로 자신도 깨끗하다고 생각하오. 그러나 그을음이 묻지 않은 아이는 상대방 얼굴이 지저분하므로 자신도 더럽다고 생각할 거요. 당신은 아직 탈무드를 배울 때가 아니오."

질투

탈무드에는 삶의 성찰도 들어 있지만 재미난 이야기도 많다.
랍비가 친구에게 물었다.
"아담이 아침에 들어오면 이브가 제일 먼저 무슨 일을 하는지 아는가?"
"글쎄, 모르겠는데. 무슨 일을 하는가?"
그러자 랍비가 말했다.
"이브는 제일 먼저 아담의 갈비뼈를 세어 본다네."

유대 속담에 이런 말이 있다.
'**질투는 천 개의 눈을 가지고 있다.**'

솔로몬의 재판

 매춘부 둘이 한 집에 살았다. 둘은 동시에 아이를 낳았다. 그런데 한 여자가 부주의해 자다가 아이를 가슴으로 눌러 그만 죽이고 말았다. 한밤중에 잠이 깬 여자는 그 사실을 알게 되자 몰래 다른 방에 있던 여자의 아이와 자신의 죽은 아이를 바꿔치기했다.

 아무것도 모르는 여자가 아침에 일어나 보니 아이가 죽어 있었다. 그런데 자세히 보니 죽은 아이는 자신의 아이가 아니었다. 아이를 돌려 달라고 했으나 바꿔치기 한 여자는 살아 있는 아이가 자신의 아이라고 우기며 주지 않았다.

 그래서 두 사람은 솔로몬 왕에게 판결을 해달라고 찾아갔다. 두 사람은 서로 자신의 아기가 살아 있는 아기라고 주장했다.

 이야기를 다 듣자 솔로몬 왕이 큰 칼을 가져오라고 명령했다. 왕의 명령대로 신하가 큰 칼을 가져왔다.

 솔로몬 왕이 판결했다.

 "서로 살아 있는 아기가 자기 아이라고 하니 갈라서 반씩 나눠주어라."

그러자 거짓말을 하던 여자가 말했다.

"그러면 공평하겠네요. 그렇게 해주세요."

그러나 진짜 어머니는 잘못하면 자신의 아이가 죽을 수도 있다는 생각이 들었다. 그래서 이렇게 말했다.

"아닙니다. 폐하, 제가 포기하겠습니다."

그러자 솔로몬 왕이 판결했다.

"저 여인이 진짜이니 아이를 그녀에게 주어라."

어떤 유서

어떤 유대인이 멀리 예루살렘으로 아들을 유학 보냈는데, 그만 중병이 들고 말았다. 아버지는 아들에게 유서 한 장을 남기고 세상을 떠났는데, 전 재산을 종에게 준다는 내용이었다. 다만 아들에게는 원하는 것 한 가지만 선택하라고 했다.

주인이 죽자 종은 그 유서를 들고 예루살렘으로 달려가 아들에게 보여 주었다. 아들은 아버지의 죽음을 슬퍼하면서도 이해할 수 없는 것이 있었다. '왜 종에게 재산을 다 물려주고 나에겐 재산 중에 한 가지만 고르라고 했을까?'

고민하던 아들은 자신의 스승인 랍비를 찾아갔다. 사정을 들은 랍비가 이렇게 말했다.

"자네 아버지는 참으로 현명한 분이군. 만일 자네에게 전 재산을 준다고 했다면 종이 욕심이 나서 아버지의 죽음도 알리지 않고 자네의 재산을 정리해 도망갔을 것이네. 그러나 종에게 전부 준다고 하니 저렇게 기뻐서 자네에게 오지 않았나? 유언장에 하나만 선택하라 했으니, 이제 자네는 저 종을 선택하면 되는 게 아니겠는가?"

잘못된 재판

어느 마을에서 살인 사건이 일어났다. 범인이 누구인지 밝혀지지 않자 사람들은 분노했다. 재판장은 유대인 랍비에게 죄를 뒤집어씌우고 싶어서 랍비를 불러 근엄한 표정으로 말했다.

"상자 안에는 두 장의 종이가 있다. 만약 네가 죄가 없다면 '무죄'를 뽑을 것이다. 그러나 네가 죄가 있다면 '유죄'가 나올 것이다."

재판장은 교활하게 두 장 모두에 '유죄'를 적어 넣었다. 유대인 랍비는 그 의도를 알았지만 어쩔 수 없이 한 장을 뽑았다. 재판장은 드디어 걸려들었다고 쾌재를 불렀다. 그런데 유대인 랍비가 뽑은 종이를 재빨리 삼켜 버렸다. 순간 재판장이 놀라며 소리쳤다.

"아니, 뽑은 종이를 삼키면 네가 무엇을 뽑았는지 어떻게 안단 말이냐?"

그러자 랍비가 말했다.

"상자 속에 남아 있는 종이를 보면 되지 않습니까?"

재판장은 하는 수 없이 랍비를 돌려보낼 수밖에 없었다.

포도주는 오래 묵을수록 맛이 좋아진다.
사람의 지혜도 이와 같이 해가 거듭될수록 빛이 난다.

눈으로 보지 못하는 것보다
마음으로 보지 못하는 것이 더 어둡다.

행동은 말보다도 오히려 목소리가 크다.

하루의 일부는 하루 전체와 같다.

3.
전통

탈무드의 역할

탈무드는 많은 법을 다루고 있지만 법전이 아닙니다.
많은 역사를 담고 있지만 역사책도 아닙니다.
심오한 철학을 담고 있지만 철학책도 아닙니다.
신에 대해 말하지만 종교책도 아닙니다.

탈무드는 조상으로부터 물려받은 지혜를 통해 현재를 살아가는 방법을 배우는 책입니다. 과거와 현재를 연결해 주는 다리라고 할 수 있습니다.

역사학자 E.H 카는 『역사란 무엇인가』라는 책에서 '**과거는 현재와 끊임없는 대화**'라고 하였습니다.

유대인들은 탈무드를 통해 선조들의 지혜와 전통에서 나오는 높은 안목을 전수받으며 오늘날의 세상을 다르게 살아가고 있습니다.

오늘날 유대인들이 세계에서 뛰어난 민족이 될 수 있는 비결이 여기에 있습니다.

로스차일드 집안의 유언장

로스차일드 집안은 300년의 번영을 자랑하는 세계 최대 유대계 재벌 가문이다.

이 가문은 대대로 유언장에 '초대 마이어 암셀의 가르침과 유대교의 가르침을 충실히 지켜라'라고 기록한다.

로스차일드 집안의 초대 마이어 암셀은 한평생 탈무드를 손에서 놓지 않았다.

탈무드에 이런 말이 있다.

전통의 의미를 생각하지 않는 자는, 남의 손에 의존해야만 하는 장님과 같다.

잔치의 자리

어떤 부자에게 갓 결혼한 아들이 있었다. 아들은 마음씨가 착했으며 어려운 사람들을 잘 도와주곤 했다.

그러던 중 손자가 태어났다. 할아버지가 된 부자는 기뻐서 잔치를 열었다. 아들이 아버지에게 말했다.

"아버님, 잔치 때 자리는 어떻게 할까요? 아버님이 하시던 대로 부자는 상석에 가난한 사람은 문간에 앉히면 제 마음이 무거울 것 같습니다."

그러자 아버지가 아들에게 말했다.

"아들아, 세상에서 행하는 방법을 바꾸는 것은 쉬운 일이 아니란다. 한번 생각해 보거라. 가난한 사람들이 왜 잔치에 오겠니? 그들은 배가 고파 맛있는 음식을 먹기 위해서란다. 그런데 가난한 사람이 상석에 앉았다고 생각해 봐라. 그들은 다른 사람 눈을 의식해서 마음껏 먹을 수 없게 되겠지? 또한 부자들을 말석에 앉혔다고 생각해 봐라. 그들은 먹기 위해서가 아니라 존중받기 위해서 오는 거란다. 네가 그들을 존중해 주지 않는다면 그들은 무엇을 얻고 돌아가겠느냐?"

장님의 호롱불

어두운 밤에 어떤 사람이 길을 가고 있었다.

그런데 맞은편에서 앞을 못 보는 사람이 등불을 들고 걸어오는 게 보였다. 그 모습을 보고 그는 말을 걸었다.

"이보시오, 당신은 앞도 못 보면서 왜 등불을 들고 다닙니까?"

그러자 앞을 못 보는 사람이 대답했다.

"내가 등불을 들고 다니는 건, 다른 사람들이 나를 보게 하기 위해서라오."

삶은 달걀

평생 이기적으로 살아온 사람이 있었다. 그에게 죽음의 시간이 다가왔다. 마지막으로 삶은 달걀이 먹고 싶었다.

가족들이 달걀을 삶아 가져왔다. 그때 거지가 찾아와 먹을 것을 달라고 했다. 그래서 그는 자신이 먹을 것을 거지에게 주라고 했다.

그렇게 그는 난생 처음 선행을 베풀고 사흘 후에 죽었다.

얼마 뒤 죽은 아버지가 아들의 꿈에 나타났다.

아들이 아버지에게 안부를 물었다.

"아버지, 지금 계신 곳은 어떤가요?"

그러자 아버지가 대답했다.

"얘야, 너는 자선을 많이 베풀어라. 평생 내가 베푼 거라곤 거지에게 준 삶은 달걀뿐이었지. 그래서 이곳에서 나는 삶은 달걀만 먹고 있단다."

귀한 손님

랍비에게 아들이 있었다.

아들이 아버지에게 말했다.

"아버지, 저도 성서에 나오는 성인을 만나 뵙고 싶습니다."

탈무드에 의하면, 성서에 나오는 성인이 1년에 한 번 지상에 내려온다고 한다.

그러자 아버지가 아들에게 말했다.

"아들아, 경건하고 올바른 생활을 하면 만나게 될 것이다."

아들은 아버지의 말대로 경건하고 올바른 생활을 했다. 그러나 아무리 기다려도 성인이 오지 않았다.

"아버지, 성인은 언제 오시나요?"

"아들아, 인내심을 갖고 기다려라."

그렇게 1년이 지났다.

어느 날 시나고그(유대인 회당)에 누더기를 걸친 거지가 와서 하룻밤 묵어 가도 되느냐고 간곡히 청했다. 그러나 아들은, 여기는 여관이 아니라 경건한 곳이니 당장 나가라고 거지를 내쫓았다.

저녁에 돌아온 아버지에게 아들은 낮에 있었던 이야기를 해주었다.

그러자 아버지가 아들에게 말했다.

"얘야, 오늘 내쫓은 사람이 바로 네가 그토록 기다리던 성인이란다."

마술 사과

어느 왕국에 하나뿐인 공주가 있었다. 그런데 이 공주에게 심각한 병이 들었다.

왕은 백방으로 의사에게 치료를 맡겼지만 차도가 없었다.

그러자 왕은 온 나라에 포고문을 붙였다. 만일 공주의 병을 고치는 사람이 있으면 사위로 삼겠다는 내용이었다.

멀리 떨어진 마을에 세 명의 형제가 살고 있었다.

어느 날 큰형이 망원경으로 그 포고문을 보고는 공주의 병을 고치러 가자고 했다.

둘째 형에게는 마법의 양탄자가 있어서 양탄자를 타고 날아가 공주가 살고 있는 왕궁에 내렸다.

막내에게는 무슨 병이든 치료할 수 있는 마법의 사과가 있었기에 사과를 공주에게 먹였더니 병이 깨끗이 나았다.

그래서 왕은 기뻐서 큰 잔치를 열었다. 그런데 세 형제 중에 누구를 사위로 삼아야 할지 고민이 되었다.

먼저 큰형이 말했다.

"만일 제가 망원경으로 포고문을 보지 못했다면 공주의 병을 치료하지 못했을 것입니다."

그러자 둘째 형이 말했다.

"만일 저의 양탄자가 없었다면 이 먼 곳까지 올 수 없었을 것입니다."

마지막으로 막내가 말했다.

"만일 저의 마법의 사과가 없었다면 공주님의 병은 고치지 못했을 것입니다."

세 사람 중에 누가 공주와 결혼해야 할까?

탈무드는 이렇게 말한다.

"첫째의 망원경은 그대로 있고 둘째의 양탄자도 그대로 남아 있지만 막내의 사과는 공주가 먹어서 더 이상 남아 있지 않다. 그러므로 공주를 위해 모든 것을 내어준 막내가 신랑이 되어야 한다."

진정한 친구

랍비가 지나가다가 두 친구가 나누는 대화를 들었다.
한 친구가 물었다.
"자네는 나를 귀하게 여기는가?"
"물론이지, 나는 자네를 귀히 여긴다네."
다시 친구가 물었다.
"그렇다면 자네는 내가 아픔을 느낄 때 무엇 때문에 그러는지 알 수 있는가?"
"아니, 내가 자네가 무엇 때문에 아픔을 느끼는지 어떻게 안단 말인가?"
그러자 친구가 대답했다.
"내가 무엇 때문에 아파하는지도 모르면서 어떻게 나를 귀히 여긴다고 할 수 있는가?"

귀하게 여긴다는 건, 그 사람이 무엇 때문에 괴로워하는지 아는 것이다.

보트의 구멍

한 남자가 작은 배를 가지고 있었다. 그는 여름이 되면 온 가족을 데리고 호수로 가서 낚시를 즐겼다.

여름이 지나 배를 치우려고 하는데, 배 아래에 작은 구멍이 뚫려 있는 것을 보았다. 그는 겨울 동안 두었다가 여름에 수리를 해야겠다고 생각했다.

그런데 다음해 봄이 왔을 때, 두 아들이 아버지 허락 없이 낚시를 하려고 배를 끌고 나갔다.

집에 돌아온 아버지는 그 사실을 알고 부리나케 호수로 달려갔다. 아들들은 수영을 할 줄 몰랐다.

호숫가에 도착했을 때 아이들은 안전하게 배에서 내리고 있었다. 놀라서 달려가 보니 배에 작은 구멍이 메워져 있었다.

작년에 배에 페인트칠을 해준 사람이 그 구멍을 막아 놓았던 것이었다. 아버지는 그를 찾아가 큰 선물을 주었다.

때로는 작은 배려가 누군가에게는 큰 도움이 된다는 사실을 잊지 말자.

상복

유대인이 상복을 입는 기간은 짧다.
상복을 오래 입고 있으면 슬픔이 길어진다.
그러면 슬픔에 젖어 현실을 보지 못하게 되기 때문이다.

다른 민족이 땅을 정복하는 일에 몰두했다면,
유대인들은 마음을 정복하는 일에 전념했다.

갈릴리와 사해

이스라엘 요단강 부근에 큰 호수가 두 개 있다.
하나는 '사해'이고, 다른 하나는 '갈릴리'이다.
사해는 외부에서 물이 들어오지만 흘러 나가지 않는다. 그래서 모든 것이 죽는다.
그러나 갈릴리는 한쪽에서 새로운 물이 들어오고 다른 한쪽으로는 물이 흘러 나간다. 그러므로 항상 신선하다. 수초와 물고기들과 수많은 생명들이 살고 있다.

사람도 마찬가지다.
들어가기만 하고 나오지 않으면 사해처럼 죽은 자가 된다. 그러나 베풀고 배려하면 생명의 호수가 되는 것이다.

유대인 어머니가 결혼하는 딸에게

사랑하는 내 딸아,
만일 네가 남편을 왕처럼 존경한다면
그는 너를 여왕처럼 대우할 것이다.
그러나 만일 네가 그를 노예처럼 취급한다면
남편도 너를 하녀처럼 취급할 것이다.

진정한 자선

죽은 자의 무덤을 찾는 것은 가장 훌륭한 행동이다.
아픈 사람을 찾으면 회복된 다음 감사의 인사를 받는다.
그러나 죽은 자는 아무런 인사도 할 수 없기 때문이다.

아무런 감사를 바라지 않고 행하는 것이 가장 아름다운 행동이다.

신의 심판의 자리에서
최고의 변호사는 참회와 선행이다.

선행을 외면하고 마음의 문을 닫으면,
머지않아 의사에게 문을 열어줘야 한다.

4. 교육

유대인의 교육

유대인과 다른 민족과의 차이는 어디서 오는 걸까요? 유대인은 전통과 교육이 인생에서 가장 중요한 것이라고 생각합니다.

랍비 아키바는 교육의 중요성을 이렇게 강조했습니다.

어느 날 시냇가를 걷고 있던 여우가 물고기들이 바쁘게 헤엄쳐 다니는 것을 보고 물었습니다.

"너희는 왜 그렇게 바삐 헤엄쳐 다니니?"

"우리를 잡으려는 그물을 피하려고 그래."

여우는 말했습니다.

"얘들아 그렇다면 땅 위로 올라와. 그러면 그물 걱정은 안 해도 되잖아?"

그러자 물고기가 대답했습니다.

"여우야, 너는 영리하다고 들었는데, 어리석기 짝이 없구나. 우리가 늘 살던 물속에서도 이렇게 위험한데 익숙하지 않은 땅 위에서 얼마나 위험하겠니?"

물고기가 물을 떠나서 살 수 없듯이 유대인이 학문을 떠나서 살 수 없음을 비유한 말입니다.

요하난 벤 자카이

최후의 순간이 다가오고 있었다. 로마군에 포위된 예루살렘은 바람 앞에 등불 같았다. 성 안에는 벤 자카이라는 훌륭한 랍비가 있었다. 그는 성을 둘러싼 엄청난 로마 군대를 보면서 유대인의 최후가 다가왔음을 직감했다. 과격파는 끝까지 싸워야 한다고 주장했다.

그러나 벤 자카이는 한 알의 씨앗을 뿌려야 한다고 생각했다. 과격파는 성 안에서 한 사람도 밖으로 나가는 것을 허락하지 않았다. 벤 자카이는 제자들에게 자신이 중병이 들었다는 소문을 퍼뜨리게 했다. 얼마 뒤에는 자기가 죽었다는 소문을 퍼뜨리게 했다. 죽은 자의 관은 성 밖으로 내보내주었기 때문이다.

그렇게 벤 자카이는 성 밖으로 빠져 나와 로마의 사령관을 찾아갔다. 그 당시 사령관은 베스파시안 장군이었다.

그는 베스파시안을 보자마자 "당신은 황제가 될 것입니다."라고 말했다. 사령관은 그 말에 깜짝 놀랐다. 두 사람이 이야기를 나누는 사이 로마 원로원에서 베스파시안이 황제로 선출되

었다는 연락이 왔다.

베스파시안은 그에게 소원이 무엇이냐고 물었다. 그러자 벤 자카이는 말했다.

"황제 폐하, 예루살렘을 파괴할 때 작은 마을 야브네 만은 남겨 주십시오."

야브네는 인구도 얼마 안 되고 상업도 발전하지 않은 작은 도시였다. 황제는 의아해 하며 흔쾌히 제안을 받아들였다. 예루살렘은 불바다가 되었고, 모든 것이 파괴되었다. 그러나 야브네만은 파괴되지 않고 보존될 수 있었다.

그렇다면 벤 자카이가 왜 이렇게 작은 도시 하나를 남겨 달라고 했을까?

야브네에 대학이 있었기 때문이다. 이곳에서 학자들이 성서를 가르치고 있었다. 교육이 칼보다 강함을 보여 주는 것이다.

힘으로 세계를 지배한 로마는 오늘날 흔적도 없이 사라졌다. 그러나 유대인은 오늘날까지 보존되어 왔고, 세계를 지배하고 있다.

야브네 랍비들

이스라엘 북부에 작은 도시 야브네라는 곳이 있다.
이곳에 랍비들이 즐겨 하는 말이 있다.
나는 신에 의해 창조되었으며
내 이웃도 신에 의해 창조되었다.
나는 아침에 일찍 일어나 일하고
그도 아침에 일찍 일어나 일한다.
나는 도시에서 일하고
그는 시골에서 일한다.
그는 나보다 나의 일을 잘할 수 없고
나는 그보다 그의 일을 잘할 수 없다.
나는 대단한 일을 하고
그는 하찮은 일을 하는 것이 아니다.
우리는 모두 다 신이 준
소중한 일을 하고 있는 것이다.
우리는 모두 다 소중한 사람들이다.

자기 인정

탈무드는 어떤 주제에 대해 장시간 토론하기도 한다.

어떤 것은 6개월, 때로는 1년, 심지어는 10년이 가까운 시간 동안 해결되지 않는 것들도 있다.

그중에는 결론이 나오지 않는 것들도 있다.

그때에는 맨 끝에 '모른다'라고 쓰여 있다. 알 수 없을 때는 '모른다고 말해야 한다'는 것이다.

또한 탈무드에는 반드시 소수의 의견도 아울러 수록되어 있다. 소수의 의견도 무시하면 안 되기 때문이다.

배움과 실천

랍비와 제자가 저녁 식탁에 앉았다.

랍비가 제자에게 말했다.

"우선 기도문부터 외워라."

그러나 제자는 몇 줄밖에 외우지 못했다. 랍비는 화가 나서 제자를 꾸짖으며 내쫓았다.

며칠 뒤 랍비는 그 제자에 관한 소식을 들었다.

그가 아픈 이들을 돌보아주고 가난한 이들에게 선행을 베푼다는 이야기였다.

랍비는 부끄러운 생각이 들었다. 그래서 그 제자를 찾아가 사과를 했다.

만 권의 책을 읽어도 실천하지 못하면 죽은 지식에 불과하다.

스승의 중요성

생명을 주는 세 가지 존재가 있다.
첫째는 하느님이고,
둘째는 부모님이며,
셋째는 선생님이다.

현자가 되는 길

어떤 사람이 현자에게 물었다.

"어떻게 하면 현자가 될 수 있나요?"

현자가 대답했다.

"식용유보다 등유에 더 많은 돈을 썼더니 현자가 되었습니다."

먹는 것보다 공부에 더 많은 시간을 쓰면 된다는 의미다.

허리를 굽히지 않으면 진리를 주울 수 없다.

하루의 공부를 게을리 하면
만회하는데 이틀이 걸리고,
이틀간의 공부를 게을리 하면
만회하는데 나흘이 걸리며,
1년간의 공부를 게을리 하면
그것을 만회하는데 2년이 걸린다.

5.

랍비

랍비

유대인들은 어디를 가든지 '시나고그(회당)'를 중심으로 생활합니다. 이곳은 교류의 장소이자 교육의 장소이기도 합니다. 최초의 의무교육이 유대인에게서 시작되었다고 볼 수 있습니다.

회당 공동체에는 성서를 가르치는 교사가 있었습니다. 이들을 '하함(현자)'이라고 불렀는데, 나중에는 '랍비(높은 자, 선생님)'라고 불렸습니다.

이들은 소송 사건에서는 재판관 역할을 하였습니다. 그래서 공정한 판정을 하기 위해 지혜와 지식이 있어야 했습니다. 그러면서도 이들은 자신의 직업을 가지고 있었습니다. 수공업자, 도예공, 농부, 재봉사, 대장장이 등 다양한 직업에 종사하는 사람들이었습니다. 이들의 풍부한 경험들이 깃들어 실생활에 영향을 주는 해석들이 가능했습니다.

대표적인 랍비에는 힐렐, 아키바, 요하난이 있으며, 예수도 랍비 중에 한 사람이었습니다.

랍비 힐렐

힐렐은 형편이 매우 어려웠지만 배움에 대한 열정이 뜨거웠다. 돈을 벌면 반은 수업료를 내고 반으로 살았다.

어느 날 일거리가 없어서 돈을 벌지 못했다. 그러나 학교 수업만은 듣고 싶었던 그는, 학교 지붕 위로 올라가 굴뚝에다 귀를 대고 밤중까지 수업을 들었다. 그러다가 그는 지붕 위에서 깜박 잠이 들었다. 추운 밤이었고 눈까지 내렸다.

아침에 또다시 수업이 시작되었다.

그런데 유난히 교실이 컴컴했다. 위를 보니 채광창이 어떤 사람에 의해서 가려져 있었다. 학생들은 의식 잃은 힐렐을 끌어내려 따듯하게 녹였다.

이윽고 힐렐은 의식이 돌아왔고, 그렇게 그는 수업료를 면제받고 공부할 수 있었다.

그 이후로 유대 학교에서는 수업료가 면제되었다.

힐렐은 탈무드에서 가장 존경받는 랍비 세 명 중 하나다.

배려

힐렐은 아주 자비롭고 이해심이 많은 랍비였다.

어떤 사람이 찾아와 사정을 하며 돈을 빌려 달라고 했다.

"랍비님, 아내가 병들어 죽게 되었는데 돈이 없어 의사에게 데려가질 못하고 있습니다. 10루블만 좀 빌려주십시오."

힐렐은 당장 현금이 없었으므로 은촛대를 주면서 말했다.

"이것을 가져다가 전당포에 맡기고 10루블을 빌려 가시오."

얼마 뒤 랍비가 전당포에 촛대를 찾으려고 갔다. 그런데 그 사람이 가지고 간 돈은 10루블이 아니라 20루블이었다.

전당포 주인이 화를 내며 말했다.

"아이고! 랍비님, 그 사람은 사기꾼입니다. 뻔뻔스럽게도 20루블을 빌려 가다니요."

그러자 랍비 힐렐이 이렇게 말했다.

"그렇지 않네. 그는 사실은 20루블이 필요했는데, 내게 10루블 이상을 얘기할 용기가 없었던 게지."

배려는 우리 마음의 그릇을 크게 한다.

나귀와 개와 램프

랍비 아키바가 나귀와 개를 데리고 여행을 하고 있었다. 그에게는 밤의 친구가 되어줄 램프도 있었다. 저녁이 되어 버려진 허름한 헛간을 발견하고 거기서 쉬어 가기로 했다.

아직 잠을 자기 이른 시간이라 램프에 불을 켜고 책을 보고 있었는데, 바람이 불어 램프가 꺼졌다. 그래서 할 수 없이 일찍 잠을 잤다. 밤사이 여우가 와서 개를 감쪽같이 물어갔고, 얼마 뒤 사자가 나타나 나귀를 물어가 버렸다.

아침에 잠에서 깬 아키바는 그걸 보고 망연자실했다. 그래서 램프만 들고 길을 나섰다.

얼마 뒤 마을에 도착했다. 그런데 온 마을이 파괴되고 사람들이 죽어 있었다. 간밤에 도적떼들이 쳐들어와 사람들을 모두 죽였던 것이다.

만약 간밤에 램프가 꺼지지 않았다면 자신도 도적떼에게 발견되었을 것이다. 만약 개가 짖거나 나귀가 소란을 피웠다면 자신도 죽었을 것이다. 결국 모든 것을 잃은 덕분에 그는 살아남을 수 있었던 것이다.

죄 있는 자가 먼저 돌로 치라

간통 현장에서 붙잡힌 여자가 군중들에 의해 랍비에게 끌려왔다. 랍비는 판정을 내리는 역할을 했다.

"간통한 사람은 돌로 치라고 토라에 쓰여 있습니다. 어떻게 하면 좋겠습니까?"

그러자 랍비는 아무 대답도 하지 않고 몸을 굽혀 바닥 위에 뭔가를 쓰고 있었다. 사람들이 그의 대답을 재촉하였다.

랍비가 일어서서 대답했다.

"너희 중에 죄 없는 자가 먼저 돌로 치라!"

그러자 한 사람 한 사람 돌을 내려놓고 사라졌다. 자신들은 더 큰 잘못을 저지르고 있었기 때문이었다.

한참 후에 랍비와 여인만 남았다. 랍비가 여인에게 물었다.

"여자여, 남은 자가 아무도 없느냐?"

이것은 예수에 관한 이야기다.

예수는 존경받는 랍비 중 한 사람이다.

랍비 아브라함

랍비 아브라함이 해적들에게 붙잡혀 노예로 팔렸는데, 어떤 주교가 그를 샀다.

어느 날 왕이 주교에게 교지敎旨를 보내 왔다.

주교가 총독이란 지위에 알맞은지 알고 싶어서 세 가지 문제를 냈는데, '신은 어느 방향을 향하고 있는가? 왕의 가치는 얼마인가? 왕이 무슨 생각을 하고 있는가?' 하는 것이었다. 이 세 가지 질문에 답을 한다면 총독으로 임명하겠지만, 그렇지 못하면 목을 베겠다고 했다.

교지를 받은 주교는 얼굴이 사색이 되었다. 아무리 생각해도 알 수가 없었다. 그래서 며칠 동안 근심하며 밥도 제대로 못 먹었다. 그런 주인을 보고 랍비 아브라함이 물었다.

"주교님, 무엇 때문에 그렇게 근심하십니까?"

주교가 사정 이야기를 했다.

그러자 랍비 아브라함이 자신이 해결할 테니 걱정 말라고 하면서 주교의 옷을 빌려 입고 길을 나섰다. 도중에 그는 시장에서 10파싱을 주고 십자가를 하나 샀다.

왕은 주교를 본 적이 없었으므로 그가 주교인줄 알고 곧장 질문에 대답해 보라고 했다.

첫 번째 '신이 어느 방향을 향하고 있는가?'라는 질문에, 랍비 아브라함은 촛불에 켜고 왕에게 어느 방향에서 보이느냐고 물었다. 그러자 왕은 모든 방향에서 보인다고 대답했다.

그러자 랍비 아브라함이 대답했다.

"신도 마찬가지입니다. 신의 영광이 모든 세상 창조물을 채우고 있기 때문입니다."

두 번째 '왕의 가치는 얼마인가?'라는 질문에 랍비는 '9파싱'이라고 대답했다. 그러자 신하들이 격노하며 당장 목을 베야 한다고 소리쳤다.

왕이 말리며 물었다.

"이 왕궁에 있는 모든 금은보화가 나의 것이고, 이 나라에 있는 산과 들과 사람이 모두 나의 것인데, 고작 나의 가치가 9파싱이란 말이냐?"

그러자 랍비가 시장에서 산 십자가를 보여 주며 대답했다.

"저는 10파싱을 주고 이 십자가를 샀습니다. 신의 가치가 10파싱이면, 폐하는 신의 대리인이자 우리 모두의 주인이며 신 다음 가는 분으므로 9파싱입니다."

왕은 그의 지혜로움에 놀랐다. 그래서 총독에 임명해야겠다고 마음을 먹었다. 그래서 마지막으로 세 번째 질문에 답해 보라고 했다.

세 번째 질문은 '왕이 무슨 생각을 하는가?' 하는 것이었다.

"폐하는 지금 저를 주교라고 생각하고 계십니다. 그리고 저를 총독에 임명하려고 하십니다. 그러나 사실 저는 주교가 아닙니다. 저는 해적에게 잡혀 온 유대인 랍비입니다."

왕은 지혜로운 그를 다시 고국으로 돌아갈 수 있도록 도와주었다.

랍비 아브라함 벤 에즈라는 무사히 고국으로 돌아갔고, 많은 저서를 남겼다.

사람은 백향목처럼 뻣뻣하지 말고
늘 갈대처럼 잘 구부러져야 한다.
그러면 토라를 쓰는 갈대 펜으로 쓰인다.

- 랍비 엘라자르

만일 당신이 지식을 늘리지 않는다면
곧 당신의 지식을 줄이는 것이다.

만일 당신 주위에 뛰어난 인물이 없다면
당신 자신이 그렇게 되어야 한다.

- 랍비 힐렐

만일 누군가 당신에게
"나는 애썼지만 할 수 없었다."라고 말한다면
그 말을 믿지 말라!

— 랍비 이츠하크

인간이 태어날 때는 두 손을 꼭 쥐고 태어난다.
모든 것을 움켜잡으려고 하기 때문이다.
그러나 죽을 때는 두 손을 편다.
왜냐하면 모든 것을 두고 가야 하기 때문이다.

6

탈무드 유머

탈무드의 광대함

탈무드는 구약성서와 함께 유대교의 가장 중요한 경전입니다. 그러나 성서가 기독교에 의해 전파되면서 각처로 전해진 반면 탈무드는 유대사회에만 있었습니다.

탈무드는 고대에 사용하던 히브리어나 아람어로 씌어져 있어 번역이 어렵고, 분량도 구약성서의 수십 배에 달합니다. 그럼에도 이 책이 현대인의 관심을 끄는 이유는 무엇일까요?

그것은 오늘날 유대인들이 탈무드 교육의 결과물이기 때문입니다. 오늘날 유대인의 성공 비밀이 탈무드에 있다고 해도 과언이 아닙니다. 현대의 유대인은 대부분 혼혈인입니다. 그들이 살고 있는 땅에서 민족적으로 뒤섞였기 때문입니다. 그런데도 이들이 유대인이라는 정체성과 자부심을 가질 수 있는 것은 전통과 교육에 있습니다.

탈무드는 500년 동안 수만 명이 넘는 학자들과 현자들이 펼친 논쟁의 기록입니다. 그 안에는 율법, 지혜, 교육, 철학, 역사가 있습니다. 또한 우화, 민담, 속담, 격언, 해학, 풍자, 유머도 들어 있습니다. 삶의 모든 부분이 들어 있다고 할 수 있습니다.

랍비의 모자

어떤 사람이 랍비의 모자를 훔쳐 갔다.

소식을 들은 마을 사람들은 깜짝 놀랐다. 사람들은 윗마을에 사는 도둑놈들이 그랬을 거라고 했다. 그래서 랍비는 윗마을에 사는 도둑 두목을 찾아가 넌지시 물었다.

"며칠 전 내가 멋진 모자를 도난당했소. 누군가 몰래 들어와 나의 모자를 가져가지 않았겠소. 당신은 도둑 전문이니 물어보고 싶구려. 혹시 내가 모자를 도로 찾을 수 있을 것 같소?"

두목은 깊이 생각하더니 이렇게 말했다.

"그건 상황에 따라 다르지요. 만약 내 제자 중에 하나가 훔쳐 갔다면 되찾아 돌려 드릴 수 있소. 그러나 만일 당신의 제자 중에 하나가 훔쳐 갔다면, 모자에 대해서는 잊어 버리는 게 좋을 거요."

죄수의 기도

성인과 죄수가 함께 배를 타고 가고 있었다.

그런데 갑자기 폭풍우가 몰아쳤다. 바람이 강해지면서 배가 곧 뒤집힐 것처럼 흔들리자 모두 사색이 되었다.

사람들이 저마다 신에게 살려 달라고 기도하기 시작했다. 죄수도 큰 소리로 소리쳤다.

"신이시여, 제발 우리를 살려 주십시오!"

그러자 성인이 죄수를 뜯어말리며 말했다.

"조용하시오. 당신이 여기 있는 것을 신이 모르게 해야 합니다. 그렇지 않으면 우리 모두 다 끝장이란 말이오!"

말하는 당나귀

가난한 유대 농부가 당나귀를 빌리기 위해 좀 더 부유한 이웃 농부를 찾아갔다.

"당나귀를 좀 빌릴 수 있을까요?"

그러자 부유한 농부가 거짓말을 했다.

"미안하네, 지금 내 당나귀는 다른 집에 일하러 갔네."

그런데 바로 그 순간 외양간에서 당나귀 울음소리가 들려왔다. 그 소리를 듣자 가난한 농부가 화를 내며 따져 물었다.

"무슨 소립니까? 그러면 저 당나귀 울음소리는 뭡니까?"

그러자 부유한 농부가 대답했다.

"이보게, 자네는 도대체 누구 말을 더 믿는 건가? 나의 말인가? 아니면 저 당나귀 말인가?"

재담가

해학과 풍자에 탁월한 유대인이 있었다.

한 부자가 그에게 말했다.

"자네가 그렇게 재담이 뛰어난가? 그러면 지금 바로 나를 속일 수 있는 거짓말을 해보게나. 그러면 내가 자네에게 100루블을 주겠네."

루블은 러시아의 돈이다.

그러자 그는 1초의 망설임도 없이 대답했다.

"아니, 만 루블이나 주신다고요? 감사합니다."

부자는 그의 재치에 큰 웃음을 지을 수밖에 없었다.

랍비와 양복점 주인

랍비에게 좋은 옷감 한 필이 생겨 새 옷을 맞추려고 양복점에 갔다. 재단사가 랍비의 치수를 재더니 옷감이 모자란다고 하였다. 그는 다른 양복점을 찾았고, 양복점 주인이 말했다.

"나흘 뒤에 찾으러 오시면 멋진 새 옷을 준비해 놓겠습니다."

나흘 뒤 랍비는 양복점에 갔고 멋진 옷이 준비되어 있었다.

며칠 뒤 마을에 잔치가 있어 랍비가 새 옷을 입고 잔치 집에 갔더니, 양복점 주인 아들이 자신과 똑같은 옷감으로 만든 옷을 입고 있었다. 랍비는 처음에 옷감이 모자르다고 말한 양복점 주인이 매우 괘심해서 찾아가 따졌다.

"난 이 옷을 건너편에 있는 양복점에서 해 입었네. 그는 내게 옷을 해주고도 남아 자신의 아들 옷까지 해 입혔네. 그런데 자네는 왜 옷감이 모자란다고 거짓말을 했는가?"

그러자 양복점 주인이 이렇게 말하는 것이었다.

"그야 건너편 양복점 주인은 아들이 하나지만 저는 둘이나 되거든요."

아빠와 아기

아버지가 보채는 갓난아기를 달래고 있었다.
"사무엘, 사무엘, 진정해, 진정하란 말이야."
계속 이 말만 되풀이했다.
지나가던 여자가 보며 말했다.
"참으로 참을성이 많으시군요. 아기 이름이 사무엘인가요?"
그러자 아기 아버지가 말했다.
"아니오, 제 이름이 사무엘이고 아이 이름은 요셉입니다."

아들의 끈기

전쟁이 발발했을 때 전쟁터에 아들을 보낸 어머니가 말했다.
"이 전쟁은 길어야 한 달 안에 끝날 겁니다."
사람들이 물었다.
"아니, 그걸 어떻게 알 수 있죠?"
그러자 그 어머니가 대답했다.
"그 녀석은 같은 일을 한 달 이상 해본 적이 없거든요."

훈장

러시아에 사는 유대인 병사가 훈장을 받게 되었다.

그에게 러시아 최고의 훈장인 십자훈장을 받을 것인지, 아니면 100루블을 받을 것인지 선택하라고 했다.

그러자 유대인 병사가 물었다.

"십자훈장을 만드는 데 값이 얼마나 듭니까?"

"십자훈장은 명예로운 것이지, 만드는 데는 1루블밖에 들지 않네."

"그렇다면 99루블과 훈장을 받으면 안 될까요?"

원상 복귀

유대인 두 사람이 심각한 대화를 하고 있었다.

"나는 기독교로 개종했네."

"아니 그게 무슨 말인가? 돌아가신 아버님이 무덤에서 돌아누우시겠네."

"아, 그 걱정은 안 해도 되네. 다음 주에 동생도 개종하기로 했다네. 그러면 원래대로 돌아오시지 않겠나?"

특별한 약

"저는 요즘 청력이 약해져서 방귀 소리조차 들리지 않아요."

"그러면 이 약을 하루에 두 알씩 세 번 복용하세요."

"그러면 귀가 잘 들릴까요?"

"아니지요. 잘 들리지 않지만 방귀 소리가 분명히 더 크게 날 겁니다."

처방전

천식으로 고생하는 남자가 유태인 의사로부터 처방전을 받았다. 사실 그 처방전에 적힌 약은 설사약이었다.

며칠이 지나서 환자가 의사를 찾아와 말했다.

"정말 감사합니다. 마음 놓고 기침을 할 수 없어서 어느 틈에 증상이 멎고 말았습니다."

소변 검사

마을 의사가 한 남자에게 소변 검사를 위해 오줌을 받아 오라고 했다.

다음날 그는 오줌이 담긴 병을 들고 병원을 찾았다. 큰 병에 가득 찬 오줌을 본 의사는 당황하며 말했다.

"이렇게 많은 오줌은 필요 없습니다. 하지만 적은 것보다는 낫지요."

검사를 해본 결과 아무런 이상이 없었다.

남자는 우체국으로 가서 가족에게 전보를 쳤다.

'안심하라. 우리 가족 모두 이상 없다.'

7.

자기 성찰

유대인의 역사

유대인의 시조는 성경에 나오는 아브라함입니다. 그의 손자가 야곱이고, 야곱에게 열두 아들이 태어납니다.

이스라엘은 12부족 연맹체였고, 다윗 왕 때 전성기를 이룹니다. 미켈란젤로가 조각한 다비드상이 바로 다윗 왕의 소년시절 모습입니다.

솔로몬 시대에 예루살렘 성전을 건축하며 가장 강력한 왕국을 이룹니다. 그러나 남북으로 갈라져 북 왕국은 BC721년에 앗시리아에게 멸망하고, 남 왕국이 150년 정도 지속됩니다. 이때 중심이 유다 부족이었습니다.

BC587년에 바벨론제국에 의해 남 왕국도 멸망하고, 포로로 끌려가게 됩니다. 이러한 유다 부족의 이름을 따서 유대인이라고 부르게 됩니다.

'바벨론'이라는 오래된 팝송의 가사를 보면, 유대인들이 바벨론 강가에서 힘들게 포로 생활을 하는 내용입니다.

능력을 찾지 못한 새

처음에 신이 새를 만들었을 때 새에게는 날개가 없었다. 그래서 적이 공격해 오면 자신을 지킬 수 있는 것이 없었다.

새는 신을 찾아가 불평했다.

"사자에겐 날카로운 이빨이 있고, 말에겐 달릴 수 있는 발굽이 있고, 전갈에겐 독을 주셨습니다. 그런데 왜 나에겐 아무것도 주지 않았나요? 그러면 저는 어떻게 살아가란 말입니까?"

그러자 신은 새에게 날개를 달아 주었다.

그런데 얼마 뒤 다시 찾아와 불평했다.

"아니, 쓸데없는 날개는 왜 달아 주셨나요? 이것 때문에 빨리 도망칠 수도 없지 않습니까? 무거운 짐만 될 뿐입니다."

그러자 신이 새에게 말했다.

"네게 날개는 짐이 되라고 있는 것이 아니라 펼쳐서 하늘 높이 날아다니라고 있는 것이란다."

돌판 조각

어떤 사람이 랍비에게 질문했다.

"부자와 가난한 자에 대한 율법이 따로 있습니까?"

그러자 랍비가 대답했다.

"모세가 시내 산에서 신이 내려준 돌판을 가지고 내려왔지요. 그런데 백성들이 술에 취해 금송아지를 섬기며 춤을 추는 것을 보았습니다. 그러자 화가 나서 돌판을 골짜기로 내던졌습니다. 그때 돌판은 산산조각이 나서 온 사방으로 튀었습니다. 사람들은 살면서 저마다 그 조각들을 줍는답니다. 그런데 어떤 조각에는 '너는 하라'라고 되어 있습니다. 이것을 주운 사람은 열심히 노력해 부자가 됩니다. 그러나 '안 된다'라는 조각을 주운 사람은 노력도 해보지 않고 안 된다고 생각합니다. 이러한 사람은 가난할 수밖에 없답니다."

농부의 뜰

농부가 뜰의 풀을 뽑고 있었다. 한참을 뽑고 나니 이마에서 땀이 뚝뚝 떨어졌다. 그러자 불평이 절로 나왔다.

"이놈의 잡초만 아니면 내 뜰이 더 아름다울 텐데, 어째서 신은 아무 짝에도 쓸모없는 풀을 이렇게나 자라게 하는 거야!"

그러자 뽑힌 잡초가 농부에게 말했다.

"우리가 쓸모없다고? 모르는 소리 마시오. 우리는 뿌리로 땅을 갈고 있소. 그래서 우리가 뽑힌 땅은 잘 갈아져 있는 것이오. 비가 오면 흙이 쓸려 내려가지 않게 붙잡아 주고, 땅이 마를 때면 바람에 흙모래가 날리지 않도록 잡아준다오. 우리도 당신의 아름다운 뜰을 지켜왔단 말이오. 만일 우리가 없었다면 당신의 뜰은 비바람에 다 망가졌을 것이오. 그러니 당신의 뜰에 아름다운 꽃이 피면 우리의 수고도 생각해 주시오."

세상에 쓸모없는 것은 없다.
탈무드는 풀 한 포기에도 가치가 있음을 보여 준다.

양치기 목동과 피리

유대 광야에서 양을 치는 목동이 있었다. 이 목동은 피리를 잘 불었다.

어느 날 왕이 지나가다가 피리 소리를 듣고 감동을 받아 양치기를 데려와 높은 관리로 삼았다. 그러자 다른 신하들이 그를 시기하여 그가 돈을 훔쳐 집에 숨겨 놓았다고 험담했다.

화가 난 왕이 신하들과 함께 그의 집을 수색하러 갔다. 그러나 아무리 찾아도 돈은 보이지 않았다. 그런데 한 작은 방에 자물쇠가 굳게 잠겨 있었다. 왕은 당장 문을 부수라고 명령했다. 사람들은 그곳에 돈과 훔친 보물이 있을 것이라고 생각했다. 그러나 그 방에는 낡은 배낭과 피리가 놓여 있었다.

왕이 양치기를 불러 이것이 무엇이냐고 물었다. 그러자 양치기가 말했다.

"폐하, 이것은 제가 광야에서 양을 칠 때 쓰던 물건들입니다. 저는 하루 한 시간 이 방에서 피리를 붑니다. 그것은 제가 옛날 광야에서 양을 치던 양치기임을 잊지 않기 위함입니다."

왕은 그를 신뢰하며 더욱 높은 자리에 앉혔다.

7. 자기 성찰

포도원 품꾼

포도원 주인이 일꾼들에게 일을 시켰다. 아침 9시에 온 일꾼들이 일을 시작했지만, 정오가 되어도 일에 진척이 없었다. 그러자 오후 3시에 주인이 나가서 한 일꾼을 데려왔다. 신기하게도 그가 온 뒤로 두 시간 만에 일이 끝났다.

5시가 되자 주인이 일꾼들에게 품값을 지급했다. 오후 3시에 온 사람에게 1데나리온이 주어졌다. 아침에 온 일꾼들은 자기들이 더 많은 돈을 받을 것이라고 생각했지만 똑같이 1데나리온이 지급되었고, 일꾼들은 주인에게 불평했다.

"아니, 우리는 아침부터 하루 종일 뙤약볕에서 일을 했는데 어떻게 단 두 시간 일한 사람과 똑같은 돈을 준단 말이오?"

그러자 주인이 대답했다.

"당신들이 하루 종일 한 일보다 이 사람이 단 두 시간 동안 한 일이 더 많습니다."

사람이 오래 살았는가 짧게 살았는가는 중요하지 않다.
그가 어떻게 살았는가가 중요하다.

거미와 모기

다윗은 평소에 거미는 아무데나 줄을 치는 성가신 존재라고 생각했다.

어느 날 적군에게 포위된 그는 피할 곳이 없어 한 동굴에 숨었다. 마침 거미 한 마리가 동굴 입구에다 줄을 치고 있었다. 그를 추격해 오던 병사들이 동굴 앞에 이르렀지만, 입구에 거미줄이 있는 것을 보고 아무도 들어가지 않았을 거라고 생각해 그냥 지나쳤다.

또 다른 어느 날, 다윗은 자신을 잡으러 온 사울 왕의 막사에 숨어들었다. 그의 칼을 몰래 가지고 가려고 했으나 발밑에 끼어 있어 뺄 수가 없었다. 그런데 그때 작은 모기 한 마리가 사울 왕의 다리를 물었다. 그러자 잠결에 왕이 발을 움직였고, 다윗은 그 순간 그의 칼을 집어 들었다.

그는 밖으로 나가서는 높은 산에 올라가 소리쳤다.

"왕이여, 나는 당신을 해치려고 하지 않았습니다. 여기 당신의 칼을 보십시오. 만약 내가 당신을 해치려고 했다면 막사 안에서 당신을 죽였을 것입니다."

그러자 사울 왕은 부끄러워 다윗을 죽이려던 계획을 포기하고 돌아갔다.

세상에 쓸모없는 존재는 없다.

도둑 동생을 둔 랍비

어떤 마을에 형제가 살고 있었다.

형은 존경받는 랍비였고 동생은 소문난 도둑이었다. 랍비 형은 도둑인 동생을 늘 못마땅하게 생각해서 가까이하지 않았다.

그러던 어느 날 형과 동생이 좁은 길에서 마주쳤다.

랍비 형은 애써 도둑인 동생을 못 본 체하고 지나가려고 했다. 그러자 도둑인 동생이 화가 나서 말했다.

"아니 형님은 뭐가 그리 대단하단 말이오? 나야 그럴 만한 이유라도 있소. 왜냐하면 나의 형은 존경받는 랍비이기 때문이오. 그러나 형님은 도둑인 동생을 두었으면서 뭐 그리 유세를 떤단 말이오?"

목소리는 작게, 빵은 크게

회당에 모인 사람들이 열심히 기도를 드렸다. 그중에 빵집 주인의 목소리가 제일로 컸다. 그러나 아무도 그에게 뭐라고 하지 못했다. 왜냐하면 그는 덩치가 골리앗만 하고 힘도 세었기 때문이다.

빵집 주인이 모든 사람이 듣게 크게 기도했다.

"하느님, 제발 저의 빵 가게를 축복해 주십시오. 그래서 장사가 잘되게 해주십시오. 그러면 저는 최선을 다해 하느님께 가장 좋은 것으로 드릴게요."

그때 그곳에는 수행을 위해 지나가던 랍비가 함께 기도하고 있었다. 랍비가 사람들에게 사정을 듣고 빵집 주인에게 이렇게 말했다.

"이보시오, 하느님께서는 당신의 목소리와 주먹은 작게 하고 당신이 만드는 빵은 크게 하길 원하신다오."

더 큰 도둑

도둑질을 한 사람이 재판을 받고 교수형을 선고 받았다. 처형장으로 끌려가면서 도둑이 사형 집행관에게 말했다.

"나에게는 심으면 하루 만에 자라서 열매를 맺는 신기한 씨앗이 있소. 이걸 지닌 채 죽으면 안 되니 왕에게 내 말을 좀 전해 주시오."

집행관은 왕에게 가서 도둑의 말을 전했다.

그러자 왕이 도둑을 불렀다.

"그래, 그 씨앗이 어디 있느냐? 한번 심어 보아라."

도둑이 구멍 하나를 팠다. 그리고 이렇게 말했다.

"이 씨는 신기한 씨앗이라 아무도 심을 수 없습니다. 지금까지 물건을 훔치거나 남을 속인 일이 없는 사람이 심어야 효과가 있습니다."

왕이 총리에게 심어 보라고 하였다. 총리는 심을 수 없다고 했다. 재무대신에게 심어 보라고 했지만 그도 심을 수 없다고 했다. 왕도 예전에 아버지의 값진 보석을 훔친 일이 있었기에 심을 수가 없었다. 결국 아무도 그 씨를 심을 사람이 없었다.

그러자 도둑이 말했다.

"여러분은 권력도 있고 부자로 부족한 것이 없는 분들인데도 씨를 심지 못했습니다. 그런데 저는 가난하고 불행하게 살았습니다. 너무 배가 고파 먹을 것을 조금 훔쳤습니다. 그리고 교수형을 당하게 되었습니다."

그 말을 들은 왕은 크게 깨닫고 도둑을 사면해 주었다.

포도원의 여우

여우가 포도원을 지나가는데, 포도원 안에는 탐스러운 포도가 주렁주렁 열려 있었다. 그걸 본 여우는 들어가 마음껏 포도를 따 먹고 싶었다. 하지만 울타리 때문에 들어갈 수 없었다.

궁리를 하던 여우는 살을 빼 울타리 작은 틈새로 들어가기로 맘먹고, 사흘을 굶어 홀쭉해지자 겨우 틈새로 들어갔다.

포도원으로 들어간 여우는 포도를 마음껏 따먹었다. 신물이 나도록 포도를 실컷 먹은 여우가 이제 밖으로 나가려고 했다. 그런데 배가 튀어나와 틈새로 나올 수가 없었다. 결국 여우는 다시 사흘을 굶은 뒤에야 간신이 밖으로 나왔다.

그때 여우가 혼잣말로 중얼거렸다.

"들어갈 때나 나올 때나 배고프기는 마찬가지네!"

7. 자기 성찰

말과 성자

어떤 젊은이가 랍비를 찾아와 제자로 받아달라고 청했다. 젊은이는 자신이 경건하고 충분한 학식이 있다고 자랑했다.

"랍비님, 저는 항상 흠 없는 하얀 옷만 입습니다. 술도 마시지 않고 깨끗한 물만 마십니다. 뿐만 아니라 고행을 위해 매일 자신에게 40대의 매질을 합니다."

그때 마침 마구간에서 말이 걸어 나왔다.

랍비가 말을 보더니 청년에게 말했다.

"이보게 젊은이, 저 말을 보게나. 저 말도 깨끗한 물을 먹고 매일 주인에게 40대가 넘는 매질을 당하고 저렇게 하얀 눈밭에 누워 있네. 그렇다고 저 말이 성인이 될 수 있겠는가?"

참회

랍비가 제자들에게 말했다

"너희는 죽기 전날 반드시 하루 동안 참회하라."

그러자 제자들이 물었다.

"언제 죽을지 모르는데 우리가 어떻게 그 전날 참회할 수 있겠습니까?"

"언제 죽을지 모르기 때문에 인간은 매일매일 참회해야 하느니라."

교만을 버리라

성서에 창조 순서를 보면 세상 만물이 6일 동안 창조된다. 그리고 그중 인간은 맨 마지막 날에 만들어진다.

탈무드는 이같이 말한다.

'하루살이조차 인간보다 먼저 만들어진 것은, 인간이 결코 오만해서는 안 된다는 뜻이다.'

진짜 바보

랍비에게 바보가 찾아와 말했다.

"선생님, 저는 제가 바보라는 사실을 잘 압니다. 제가 어떻게 해야 할지 잘 모르겠습니다. 제가 어떻게 해야 할지 알려주십시오."

그 말을 들은 랍비가 말했다.

"젊은이, 자신이 바보라는 사실을 안다면 자네는 바보가 아닐세."

그러자 바보가 말했다.

"그렇다면 왜 사람들이 저를 바보라고 합니까?"

그 말을 들은 랍비는 진지하게 생각하더니 이렇게 말했다.

"자네는 자신이 바보라는 것을 이해하지 못하고 단지 남의 말을 듣는 것을 보니 참으로 바보구먼!"

솔로몬의 딸

솔로몬 왕에게는 몹시 아름답고 총명한 딸이 있었다.

어느 날 솔로몬은 딸의 신랑 될 사람이 볼품없는 사내일 거란 꿈을 꿨다. 그래서 솔로몬은 딸을 섬으로 데려가 별궁을 세워 높은 담을 쌓고 감시병들로 지키게 하며 아무도 접근하지 못하게 했다.

한편 왕이 꿈에서 본 사내는 어느 광야에서 혼자 방황하고 있었다. 밤이 되어 몹시 추워졌으므로 그는 사자의 시체 속에 들어가 잠을 청했다. 그런데 그때 큰 새가 날아와 사자의 털가죽과 함께 그 남자를 들어올렸다. 그리고 날아가 공주가 감금되어 있는 별궁에 떨어뜨렸다.

그리하여 그는 공주를 만났고, 두 사람은 사랑에 빠졌다.

탈무드는 '일어날 일은 반드시 일어나게 된다'고 말한다.

두 가지 시간

성서를 보면 시간을 나타내는 단어가 두 가지가 있다.
하나는 크로노스이고 다른 하나는 카이로스이다.
크로노스는 일반적으로 흘러가는 시간이다.
그러나 카이로스는 결정적인 사건이 일어나는 순간이다.

우리가 살아가다 보면 중요한 사건이 일어나는 순간이 온다.
일반적인 크로노스의 시간이 쌓이면 결정적인 카이로스의 순간이 온다.

강자와 약자

세상에는 약자지만 강자를 두렵게 하는 네 가지가 있다.
모기는 사자를 두렵게 하고
거머리는 코끼리를 두렵게 하고
파리는 전갈을 두렵게 하고
거미는 매를 두렵게 한다.
아무리 크고 강한 자라도 언제나 두려운 존재는 아니다.
아무리 약한 자라도 강자를 이길 수가 있다.

7. 자기 성찰

사람은 누구나 세 가지 이름을 갖고 있다.
태어나서 부모가 지어준 이름,
친구들이 다정하게 불러주는 이름,
그리고 일생이 끝날 때 얻어지는 명성이다.

명성은 좇아가면 잡을 수 없지만,
피하려고 할수록 저절로 따라온다.

8.
공동체

누가 유대인인가?

원래 유대인의 기원은 셈족입니다. 오늘날에도 셈족만의 특징적인 얼굴을 가지고 있는 사람들이 있습니다. 그러나 유대인은 민족적으로 구분되는 것이 아닙니다. 유대인들은 BC.587년에 나라가 망하고 1947년 다시 이스라엘이라는 나라를 세우기까지 무려 2,500년 동안 전 세계에 흩어져 살았습니다.

이들을 '디아스포라'라고 합니다. '흩어진 사람들'이라는 뜻입니다. 유럽으로 간 사람들은 살결이 희어지고 아프리카로 간 사람들은 검어졌습니다. 멀리 인도나 중국에까지 흩어져 살았습니다.

탈무드에는 다양한 나라의 화폐 이름이 나옵니다. 그들이 살고 있는 나라의 화폐 단위가 달랐기 때문입니다.

이렇게 오랜 세월 동안 정체성을 찾아주고 자신들을 하나로 묶어 준 책이 바로 탈무드입니다.

이들은 세계를 흩어져 살면서도 같은 전통과 사상을 가진 사람들을 하나의 '공동체'로 인식하고 있습니다.

죄 인식

유대인은 회개의 기도를 할 때 '나'라고 하지 않고 반드시 복수인 '우리'라고 한다. 혼자 저지른 죄라도 반드시 여러 사람이 함께 죄를 지은 것으로 여긴다.

유대인은 모두를 커다란 하나의 가족으로 생각한다.

유대인은 자신이 어떤 물건을 훔치지 않았지만 도둑질이 일어난 것만으로도 하나님께 용서를 빌어야 한다고 생각한다.

그 이유는, 그 사람이 도둑질할 수밖에 없는 환경을 모두가 같이 만든 것이기 때문이다.

한 몸에 두 개의 머리

만일 어떤 아이가 두 개의 머리를 가지고 태어났다면 한 사람인가? 아니면 두 사람인가?

한쪽 머리에 뜨거운 물을 끼얹었을 때 다른 한쪽 머리도 함께 비명을 지르면 한 사람이고, 다른 한쪽의 머리가 아무런 반응도 보이지 않으면 두 사람으로 본다.

이것을 적용하면 유대인들이 박해를 당한다는 이야기를 들었을 때 고통을 느끼면 그는 유대인이고, 고통을 느끼지 않는다면 그는 유대인이 아니라는 것이다.

인간

로마는 각 점령지에서 남자들을 골라 군대를 만들었다.

유대에서는 젊은 랍비 중 활을 잘 쏘는 사람들로 편성했다. 이들은 허수아비를 표적으로 삼아 백발백중으로 활을 쏘았다.

로마 장교는 이러한 유대인 부대를 이끌고 전투에 나갔다. 전투에 나간 로마군 장교는 유대인 부대에게 명령했다.

"쏴라!"

그러나 누구도 활을 쏘지 않았다.

로마 장교가 다시 한 번 활을 쏘라고 소리쳤다.

그러나 여전히 활을 쏘지 않았다.

화가 난 로마 장교가 말했다.

"훈련할 때는 활을 잘 쏘더니 지금은 왜 안 쏘는 거야?"

그러자 유대인 젊은 랍비가 대답했다.

"당신은 저 앞이 보이지 않소? 저 앞에는 인간들이 있단 말이오!"

울타리

부자가 창을 내다보았다. 초라한 옷을 입은 병자가 자신의 울타리 기둥에 등을 문지르고 있었다. 부자가 그 사람을 불러 사정을 들어 보았다.

"저는 가난해 목욕을 못하고 똑같은 옷을 입어 피부병이 생겼습니다. 긁어 줄 사람이 없어 등을 문지르고 있었습니다."

그러자 부자는 그 사람에게 먹고 목욕할 돈을 주어 보냈다. 이러한 소문이 순식간에 퍼졌다.

이튿날 부자가 창을 내다보자 이번에는 두 사람이 울타리 기둥에 등을 문지르고 있었다. 부자는 그들을 보자마자 소리를 지르며 내쫓았다. 그러자 두 사람이 부자에게 물었다.

"먼저 사람은 후하게 대접하고 우리는 왜 내쫓는 거요?"

"먼저 사람은 혼자라 등을 긁어 줄 사람이 없었지만 너희는 둘이 아니냐! 서로 등을 긁어 주면 되지, 왜 더럽게 나의 울타리에 등을 문지르고 있는 것이야? 당장 꺼지지 못해! 이 게으름뱅이들아!"

그들은 아무 말도 하지 못하고 돌아갔다.

모두가 하나다

랍비 벤 조마는 시장을 지나가면서 장사꾼들이 여러 가지 물건을 파는 것을 보고 이렇게 말했다.

"태초에 아담은 빵 하나를 먹기 위해 얼마나 많은 수고를 했을까? 밀 씨앗을 심어서 기르고 거두어 빻아 반죽해 불에 구워 먹었을 것이다. 그러나 지금은 돈만 내면 빵을 바로 구할 수 있으니 얼마나 좋은가? 이 사람들이 모두 다 나를 위해 수고하는구나! 태초에 아담은 옷 하나를 입기 위해 얼마나 많은 수고를 했을까? 양을 길러서 털이 자라면 깎아 깨끗하게 만들어 꿰매어 입었을 것이다. 그러나 지금은 돈만 내면 옷을 살 수 있으니 얼마나 좋은가? 이 모든 것들이 다른 사람이 나를 위해 수고해 주었기 때문이구나!"

오늘 우리가 누리는 모든 혜택은 누군가의 수고에 의한 것이다. 우리는 이에 대한 고마움을 잊어서는 안 된다.

방종의 최후

많은 사람들이 함께 배를 타고 있었다.

그런데 어떤 한 사람이 자기가 앉아 있는 배 밑바닥에 끌로 구멍을 내고 있었다. 놀란 사람들이 웅성거리며 말렸지만 그는 조금도 거리낌없이 이렇게 말했다.

"여기는 내가 앉아 있는 자리니 내가 무슨 짓을 하든지 그건 내 자유 아닙니까?"

얼마 후에 구멍으로 물이 들어와 배는 가라앉았고, 구멍을 낸 사람을 포함해 모두가 물에 빠지고 말았다.

자기 것이라고 마음대로 한다면 모두가 위험에 처하게 된다. 세상은 나만을 위한 자리가 아니다.

한 사람의 소중함

태초에 신은 단 하나의 인간인 아담을 창조하였다.

왜 한 번에 백 명, 천 명, 만 명을 만들지 않았을까? 신은 무엇이든지 할 수 있지 않은가?

그것은 한 사람이 죽으면 모든 인류가 죽는 것과 같다는 것을 가르치기 위해서이다.

태초에 한 사람으로 시작해 오늘날 세계 모든 인류가 생겨났다. 만약 이 한 사람이 없었다면 오늘날 인류가 없었을 것이다.

그러므로 한 사람은 소중하다.

우리 한 사람이 천하보다 귀하다는 사실이다.

성서는 이것을 알려준다.

그러므로 **나는 매우 소중한 사람이다.**

내가 없으면 인류도 없기 때문이다.

인류의 조상은 오직 한 사람밖에 없다.
만일 당신이 한 사람을 죽였다면
그것은 곧 인류를 죽인 것과 같다.
그 반대로 당신이 한 사람의 생명을 구했다면
그것은 곧 인류를 구한 것과 같은 것이다.

불 켜진 양초 하나로
수많은 양초에 불을 붙여도
원래의 불빛이 약해지는 것은 아니다.

9.
성서

성서

나라가 망하고 예루살렘 성전에서 제사를 드릴 수 없게 되었을 때, 이들에게 가장 중요한 건 자기들이 누구인지 정체성을 찾는 일이었습니다. 그래서 이들은 조상들로부터 전해져 내려오는 이야기들을 묶어 가기 시작합니다.

이렇게 해서 나온 것이 오늘날의 성서입니다.

성서는 유대인 선조들이 자기민족의 신인 야훼(하나님)와 어떤 연관이 있는지를 중심으로 하고 있습니다. 가장 중요한 것이 '토라'인데, 성서의 첫 번째에 있는 다섯 권을 말합니다.

두 번째는 시문이나 잠언서와 같은 것들로 '케튜빔'입니다.

그리고 세 번째는 신이 구원자를 보낼 것을 약속하는 예언서로 '나비임'입니다.

이 세 가지를 합해 '타나크$TaNaK$'라고 합니다.

탈무드는 이러한 성서를 삶에 어떻게 적용할 것인가 생각하고 성찰하는 실천서 같은 것입니다.

토라와 안식일

유대인들은 1년에 한번씩 '토라'를 읽는다. 토라는 신이 주신 선물이기 때문이다.

삶에 중심이 토라다. 유대인은 안식일마다 토라의 낭독 부분을 읽음으로써 이를 실천한다.

재미있는 것은 히브리어로 요일이 따로 없다. 월요일, 화요일이라고 하지 않는다.

신이 안식한 날인 안식일(샤바트)을 시작으로 해서 안식 후 첫날이 일요일이고, 안식 후 둘째 날은 월요일, 안식 후 셋째 날은 화요일이다.

유대인들은 안식일(샤바트)에는 일을 하지 않는다. 철저하게 쉬면서 안식한다. 현대인들은 쉬지 않고 일을 하면 더 많이 번다고 생각한다. 그러나 우리 몸의 생체리듬은 일주일이 가장 적당하다. 우리 몸은 쉼을 가져야 한다. 쉼이 있어야 새로운 생기가 솟아나기 때문이다.

동해복수법 同害報復法

'눈에는 눈, 이에는 이'라는 법을 들어 보았을 것이다. 함무라비 법전에도 이러한 표현이 들어 있다. 이것을 우리는 무지막지한 복수의 법으로 알고 있는데, 이것은 잘못된 오해이다. 이 구절은 성서 출애굽기 21장 23절 이하에 있다.

'다른 사고가 생겨 목숨을 잃었으면 제 목숨으로 갚아야 한다. 눈은 눈으로, 이는 이로, 화상은 화상으로, 상처는 상처로 갚아야 한다.'

문장 끝에 보면 '갚아야 한다'로 되어 있다. 눈은 눈으로, 이는 이로, 상처는 상처로 주라고 되어 있다. 무서운 보복의 원리가 아니라 보상의 원리이다.

성서는 더 큰 피해를 주어서는 안 된다고 말한다. 원수는 원수를 낳는다.

랍비 예수는 '원수를 사랑하라'고 가르친다. '내가 대접을 받고자 하는 대로 남을 대접하라'고 했다.

이것이 황금률 *Golden Rule*이다.

진리

히브리어의 알파벳은 22개의 자음으로 되어 있다.

א알렙, ב벳, ג김멜, ד달렛, ה헤, ו와우, ז자인, ח헤드, ט테트, י요드, כ카프, ל라메드, מ멘, נ눈, ס싸멕, ע아인, פ페, צ짜데, ק코프, ר레쉬, ש쉰, ת타우.

히브리어는 오른쪽에서 왼쪽으로 써 내려가는데, 그러면 손으로 글자를 가리는 일 없이 글자를 먼저 볼 수 있다. 성서를 쓸 때 손이 먼저 지나가지 않기 위해서이다.

히브리어로 진리는 '에메트אמת'이다.

알파벳의 첫 번째인 '알렙א'과 중간에 있는 '멘מ'과 마지막 글자인 '타우ת'를 합한 것이다. 진리란 좌로나 우로나 치우치지 않는다는 의미다.

히브리어의 첫 글자인 '알렙א'은 하나님을 상징한다. 진리인 '에메트אמת'에서 첫 번째 글자인 알렙을 빼면 '메트מת'인데, 이것은 '죽음'이라는 뜻이다.

하나님이 없는 인생은 죽은 인생이라는 뜻이다.

보이지 않는 눈

어떤 사람이 남의 밭에 밀을 훔치러 가면서 딸을 데려갔다.

"얘야, 너는 누가 오는지 망을 보거라."

그리고는 밀을 베기 시작했는데 얼마 안 지나 딸이 말했다.

"아버지, 누군가 우리를 보고 있어요."

앞을 보았지만 아무도 없었다. 아버지는 계속 밀을 베었다. 조금 뒤 다시 딸이 말했다.

"아버지, 누군가 우리를 보고 있다니까요."

뒤를 보았지만 아무도 없었다. 아버지는 계속 밀을 베었다. 조금 뒤 다시 딸이 소리쳤다.

"아버지, 누군가 우리를 보고 있다니까요."

아버지는 멈추고 사방을 둘러보았지만 아무도 보이지 않았다. 아버지는 화를 내며 딸에게 말했다.

"아무도 보는 사람이 없는데 자꾸 누가 보고 있다는 거냐?"

그러자 딸이 말했다.

"아버지, 누군가 위에서 보고 있어요."

소중한 보석

안식일에 랍비가 회당에서 설교를 하고 있었다. 그런데 그의 집에서는 두 아이가 갑자기 죽는 일이 발생했다. 랍비의 아내는 아이들의 시신을 2층으로 옮겨 놓았다.

랍비가 집에 돌아오자 아내가 조심스럽게 물었다.

"당신에게 한 가지 물어봐야 할 것이 있어요."

"무슨 일인데, 그렇게 심각하게 말하시오?"

"얼마 전에 어떤 분이 귀한 보석을 맡기면서 잘 보관해 달라고 했어요. 그런데 오늘 갑자기 나타나 돌려 달라고 하면 어떻게 해야 할까요?"

"주인이 돌려 달라고 하면, 언제라도 돌려주는 게 도리 아니겠소?"

그러자 아내가 참았던 울음을 터뜨리며 말했다.

"하느님이 우리에게 주신 귀한 보석 두 개를 오늘 가지고 가셨어요."

그제야 랍비는 아내의 말뜻을 알아차리고 아무런 말도 하지 못했다.

자신이 감당할 수 없는 일에 참견하지 말라!
자신이 할 수 있는 범위에서 정해진 것,
이것을 깊이 생각하라!

네가 한 말은 반드시 행동으로 옮겨라.
그러나 네가 한 행동은
절대로 말로 옮기지 마라.

말이 동전 한 닢이면
침묵은 동전 두 닢이다.

다른 인간 앞에서 부끄러워 할 줄 아는 것과
자기 자신 앞에서 부끄러워할 줄 아는 것은
전혀 다른 것이다.

10

·

선과 악

유대인의 힘

오늘날 세계를 움직이는 힘이 유대인에게 있다고 합니다.

노벨 경제학상에 42%가 유대인이고, 세계 억만장자 중 30%가 유대인이며, 미국경제의 30%를 유대인이 쥐고 있기 때문입니다.

세계를 움직여 가는 사람들이 유대인이라고 할 수 있습니다.

아인슈타인, 프로이트, 빌 게이츠, 조지 소로스, 스티브 잡스, 스티븐 스필버그, 마크 주커버그를 비롯해 각 분야에서 두각을 나타내는 사람들이 유대인입니다.

그런데 유대인들의 숫자는 1천만 명 정도로 세계 인구의 0.2%도 되지 않습니다. 우리나라 인구의 절반도 안 됩니다.

그렇다면 이들이 세계를 움직일 수 있는 비결은 어디에 있을까요?

탈무드는 바로 이러한 물음에 답을 주는 책이라고 할 수 있습니다.

짝

홍수가 다가오자 노아는 방주를 만들었다. 방주에는 짝이 있어야 들어갈 수 있었다. 억수같이 비가 내리며 사방이 물로 차올랐다.

'거짓'은 급하게 짝을 찾아 나섰다. 그런데 어디를 가도 짝을 찾을 수가 없었다. 그러다가 어둡고 침침한 곳에서 한 존재를 발견했다. 그의 이름은 '악'이었다. 그는 기뻐서 악에게 자신의 짝이 되어 달라고 부탁했다.

그러자 악이 물었다.

"내가 당신의 짝이 되면 무엇을 해줄 겁니까?"

"만약 나의 짝이 되어 준다면 앞으로 내가 얻는 모든 것을 당신에게 주겠소."

그래서 둘은 방주로 향했고 문을 두드렸다. 노아는 행복해 보이는 한 쌍을 받아주었다.

거짓은 많은 것을 가져다주지만, 악이 그 모든 것을 빼앗아 간다.

선함과 악함

랍비에게 제자가 물었다.

"스승님, 선한 사람들은 왜 적극적으로 선하게 살라고 권하지 않습니까?"

랍비가 대답했다.

"아니다. 그들도 항상 바르게 살고 선한 일을 하도록 권하고 있다."

제자가 말했다.

"그러면 왜 선한 일을 하는 사람보다 악한 일을 하는 사람이 더 많습니까?"

그러자 랍비가 대답했다.

"선한 일을 하는 사람은 혼자 걷기를 두려워하지 않으나 악한 일을 하는 사람은 그렇지 않기 때문이다."

혀의 중요성

어떤 왕이 병이 들었다. 의사는 사자의 젖이 약이라고 했다.

한 충직한 부하가 생명을 무릎 쓰고 가서 사자의 젖을 구해 돌아오다 도중에 피곤해 잠시 쉬다 꿈을 꾸었다.

꿈에 몸의 부분들이 서로 자랑을 했다. 다리는 사자의 동굴까지 걸어갔다고 자랑했고, 심장은 자신의 용기가 아니었으면 사자에게 접근도 못했을 것이라고 했다.

그들의 말을 듣고 있던 혀가 말했다.

"아무리 그래도 내가 제일 중요할걸."

그러자 다른 부분들이 혀를 비웃었다.

왕궁에 도착하자 왕이 기뻐하며 맞아주었다.

왕이 물었다.

"이것이 무슨 젖이냐?"

그러자 혀가 대답했다.

"폐하, 이것은 개 젖입니다."

혀의 양면

어느 날 랍비 시몬이 시종에게 심부름을 시켰다.

"너는 푸줏간에 가서 가장 맛있는 것을 사 오거라."

시종은 푸줏간으로 가서 가장 맛있는 고기를 달라고 했다. 그랬더니 주인은 소 혓바닥을 내밀었다.

그래서 랍비 시몬에게 가져갔더니 이번에는 이렇게 말했다.

"너는 푸줏간에 가서 가장 맛없는 것을 사 오거라"

시종은 다시 푸줏간으로 가서 가장 맛없는 고기를 달라고 했다. 그랬더니 주인은 이번에도 소 혓바닥을 내밀었다.

그래서 랍비 시몬에게 가지고 갔다.

그러자 랍비 시몬이 시종과 제자들에게 말했다.

"이와 같이 혀는 세상에서 가장 아름다울 수 있고 세상에서 가장 혐오스러울 수 있다."

세 자매

옛날에 딸만 셋 있는 아버지가 있었다.

딸들은 외모는 아름다웠으나 결점이 하나씩 있었다. 첫째 딸은 게을렀고, 둘째 딸은 도벽이 있었고, 막내딸은 험담하는 못된 버릇이 있었다.

이웃 마을에 세 아들을 둔 아버지가 세 딸을 며느리로 삼고 싶다고 했다.

세 딸의 아버지는 딸들의 결점을 솔직하게 털어놓았다. 세 아들의 아버지는 자신이 책임지고 고치도록 하겠으니 염려하지 말라고 했다. 그래서 결혼을 시켰다.

어느 날 친정아버지가 궁금해서 딸들의 집을 방문했다.

큰딸이 말했다.

"모든 일을 하인들이 해주어 즐겁게 지내고 있어요."

둘째 딸이 말했다.

"큰 창고에 얼마든지 물건이 있어서 욕심이 없어졌어요."

이번에는 막내딸이 말했다.

"시아버지가 자꾸 저를 힘들게 해요."

하지만 아버지는 막내딸의 말을 믿지 않았다. 그녀가 시아버지 험담을 한단 사실을 알았기 때문이다.

탈무드는 가장 고치기 힘든 것이 남을 비방하는 일이라고 알려준다.

비방

남을 비방하는 것은 세 사람을 죽이는 짓이다.
먼저는 비방하는 사람이고,
다음에는 비방을 듣는 사람이며,
세 번째는 비방을 당한 사람이다.

양에서 돼지로

노아가 포도나무를 심고 있었다.

그때 악마가 와서 무엇을 하고 있느냐고 물었다.

노아가 "나는 훌륭한 식물을 심고 있소. 이 식물에는 매우 달고 맛있는 열매가 달리지요. 그 즙을 마시면 마음이 즐겁게 느껴진답니다."

그러자 악마가 대답했다.

"그렇게 좋은 식물을 심는 일이면 나도 돕고 싶소."

노아는 그렇게 하라고 했다.

그러자 악마는 나가서 양과 사자, 돼지, 원숭이를 죽여 그 피를 밭에 뿌려서 거름을 하였다.

그래서 사람이 술을 마시면, 처음에는 양처럼 순하고, 더 마시면 사자처럼 강하며, 더 마시면 원숭이처럼 춤추고 노래하고, 좀 더 마시면 돼지처럼 추잡하게 뒹굴고 토하는 것이다.

배부른 코트

한 마을에 가난한 랍비가 살고 있었다.

허름한 옷을 입고 잔치에 가면 늘 말석으로 밀려나 입구에서 음식을 먹곤 했다. 상석에는 늘 돈 많은 부자나 잘 차려 입은 사람들이 앉았다.

어느 날 한 부자가 자신에게 생의 마지막이 다가오는 것을 알았다. 그에게는 값비싼 코트가 있었는데, 이것을 가난한 랍비에게 선물로 주었다.

얼마 뒤 마을에 잔치가 있어 가난한 랍비가 그 코트를 입고 잔칫집에 갔다. 그러자 주인이 그를 보고 가장 상석에 앉히고, 최상의 음식을 제공하였다. 마음껏 음식을 먹은 랍비는 갑자기 음식을 코트에 붓기 시작했다.

사람들이 그런 그를 힐끗힐끗 쳐다보았다. 그러자 가난한 랍비가 노래를 부르기 시작했다.

"코트야, 코트야, 마음껏 먹어라. 이 음식은 나를 보고 주는 것이 아니라 너를 보고 주는 것이니. 내가 너의 주인이 아니라 네가 나의 주인이구나."

도둑도 도둑질을 하지 않을 때는
자신을 도둑이라고 생각하지 않는다.

향수 가게에 들어갔다가 나오면
향수를 사지 않았더라도 향기가 묻어난다.
가죽공장에 들어갔다가 나오면
물건을 사지 않았더라도 역한 냄새가 난다.

인간에게 하나의 입과 두 개의 귀가 달린 것은
말하는 것보다 듣는 것을 두 배로 하라는 뜻이다.

물고기는 언제나 입으로 걸려든다.
사람도 역시 입으로 걸려든다.

머리속으로 술이 들이 들어가면
비밀이 밖으로 새어 나온다.
악마가 바빠서 일일이 사람을 찾아다닐 수 없을 때
그의 대리인으로서 술을 보낸다.

진정한 부자는 자신이 가진 것에
만족할 줄 아는 인간이다.

11

심리

탈무드의 구성

토라는 간단하게 되어 있는 경우가 많습니다.

레위기19장18절에 '네 이웃을 사랑하라'는 명제가 있습니다. 성서의 말을 그대로 인용한 뒤 의미를 설명하는 것을 '미드라쉬'라고 합니다. 예를 들면, 이 명제에서 이웃은 '가까이 있는 사람으로, 천막을 사이에 두고 있는 사람'이라고 설명해 주는 식입니다.

이에 비해 '미슈나'는 성서의 본문과는 독립되어 있습니다. 여러 가지 토론이나 예화를 깃들여 주제를 설명하는 식입니다. 그러므로 이것은 내용이 방대합니다.

성서를 좀 더 이해하기 위한 노력으로 랍비들이 지혜를 담아 주해하거나 해석한 것이 미드라쉬와 미슈나입니다. 이러한 해석들은 성서의 몇 배 분량입니다.

이러한 미슈나에 또다시 해석을 덧붙인 것이 '게마라'입니다. 게마라는 미슈나의 몇 배 분량이나 됩니다. 미드라쉬와 미슈나 그리고 게마라를 합해 '탈무드'라고 부릅니다.

바이블

영어로 성서를 '바이블Bible'이라고 합니다.

'바이블'이라는 말은 '파피루스'에서 왔습니다. 파피루스는 이집트 나일강 유역에서 자라는 갈대나무입니다. 처음에 책은 갈대를 엮어 만들었습니다.

파피루스를 그리스어(헬라어)로 '비블로스'라고 합니다. 의미는 그냥 '책'이라는 뜻입니다. 여기서 영어의 '바이블'이 나왔습니다. 성서가 책에 대한 대명사처럼 사용되었습니다. 책 마지막에 있는 참고문헌을 영어로 '비블리오그라피'라고 합니다. 책들의 나열이라는 뜻입니다.

임마누엘 칸트가 시종에게 책을 가져오라고 했습니다. 시종이 "무슨 책을 가져올까요?" 하자, 칸트는 "성서 이외에 다른 책이 있느냐?"라고 했다는 일화도 있습니다.

탈무드는 성서를 좀 더 깊이 이해하고자 노력한 사람들의 결과물입니다. 그러므로 성서 이야기가 중심이라고 할 수 있습니다.

탈무드의 위대함

나치의 포로수용소에 6백만 명이나 되는 유태인들이 학살된 뒤 나머지 사람들은 구출되었습니다.

구출된 유태인들은 미국의 트루먼 대통령에게 사례하기 위하여 『탈무드』를 증정했습니다.

그런데 그 책은 2차 세계대전 후 독일에서 인쇄된 것이었습니다. 그만큼 악랄하게 유태인을 전멸시키려고 애썼던 독일에서도 『탈무드』를 인쇄하여 발행하고 있었다는 것은, 그만큼 탈무드의 위대함을 말해 주는 증거입니다.

고난

미드라쉬에서 랍비 벤 하나니는 이렇게 말했다.

"베옷을 파는 상인은 좋은 베라면 계속해 두드린다. 두드릴수록 베옷은 더욱 빛이 나고 부드러워지기 때문이다. 그러나 나쁜 베옷은 두드리지 않는다. 두드리면 부서지기 때문이다. 이와 같이 신은 합당한 사람만 연단鍊鍛하신다."

우리에게 어려움이나 고난이 있으면, 이것은 신이 우리를 좋은 사람으로 생각하고 있다는 증거다.

우둔한 신자

미슈나에 '우둔한 신자는 세상을 멸망시킨다'고 했다.
그럼 우둔한 신자란 어떤 사람일까?

어떤 신자가 기도를 하고 있었다.
그런데 호수에 어린 아이가 빠져 허우적대며 살려 달라고 소리쳤다. 그러자 신자가 말했다.
"얘야, 내가 기도를 마칠 때까지만 기다려다오."
그러나 기도를 마친 후 구하러 갔을 때 아이는 이미 익사한 후였다.
이와 같은 자가 우둔한 신자이다.

누가 도둑인가

손님 세 사람을 저녁식사에 초대한 사내가 손님들이 돌아간 후 값비싼 촛대가 없어진 걸 알았다. 이튿날 주인은 초대했던 사람들과 함께 랍비를 찾아갔다.

사정을 들은 랍비는 알았다는 듯이 미소를 지으며 사람들을 방에서 내보냈다. 랍비는 탁자 위에 촛대를 하나 올려놓고, 방 안을 깜깜하게 해놓았다.

랍비는 방 밖에서 기다리고 있던 네 사람에게 말했다.

"나는 신께 어젯밤에 촛대를 훔쳐 간 사람이 만지면 큰 비명 소리가 나게 해달라고 기도했소."

그러면서 들어가 한 사람씩 촛대를 만지라고 했다.

먼저 촛대를 잃어버린 주인이 거짓말을 했을 수 있으니 그부터 들어가라고 했다. 그래서 한 사람씩 들어가서 촛대를 만졌다. 밖에 있는 사람들은 언제 방안에서 비명소리가 들려오나 기다리고 있었다. 그러나 네 명이 모두 들어갔다 나와도 비명소리는 들리지 않았다.

그런데 랍비는 범인이 누구인지 알아냈다.

랍비는 네 사람에게 촛대를 만진 손을 내밀어 보라고 했다. 랍비는 촛대에 미리 검정 칠을 해놓았던 것이다.

오직 한 사람만 검은 칠이 묻어 있지 않았다.

범인은 자신이 비명을 지르게 될까 봐 촛대를 만지지 않았던 것이다.

왕의 꿈

어느 왕국에 이슬람교, 유대교, 그리스도교 대신이 있었다. 세 사람은 모두가 현명해 왕의 질문에 대답하지 못하는 것이 없었고, 꿈을 해석하는 능력이 있었다. 그래서 왕이 꿈 이야기를 하면 해몽해 주곤 하였다.

그런데 어느 날 왕이 어려운 문제를 냈다.

"대신들은 내가 오늘밤 어떤 꿈을 꿀 것인지 맞혀 보시오."

이것을 맞히는 사람에게는 후한 상을 내리겠다고 하였다.

한참을 생각한 후 먼저 이슬람 대신이 말했다.

"폐하께서는 황금마차를 타고 가시는 꿈을 꿀 것입니다."

그리스도교 대신이 생각하고 또 생각한 끝에 말했다.

"폐하께서는 전쟁에서 승리하는 꿈을 꾸실 것입니다."

마지막으로 유대교 대신은 오래 생각하지도 않고 대답했다.

"폐하께서는 오늘밤 사람들에게 돌팔매를 맞으며 이리저리 도망 다니다 미치는 꿈을 꾸실 것입니다."

왕은 당황하며 세 대신을 내보내고 다음날 오라고 했다. 두 대신은 나가면서 유대교 대신을 비웃었다.

대신들이 나간 뒤 왕은 두 대신의 아름다운 말에는 관심이 없었다. 유대교 대신의 불길한 말에만 마음이 쓰였다. 잊으려고 애를 썼지만 그럴수록 더 생각났다. 하루 종일 자신에게 닥칠 불행한 일들을 생각했다. 그 말이 머리 속을 떠나지 않았다. 침대에 누웠을 때에도 그 생각뿐이었다.

결국 왕은 유대인 대신이 말한 꿈을 꾸었다.

아침이 되어 대신들이 찾아오자 왕은 유대인 대신을 칭찬하고 후한 상을 내렸다.

11. 심리

정말로 가난한 자

어느 날 두 사람이 랍비를 찾아왔다. 한 사람은 마을에서 가장 부자이고, 한 사람은 마을에서 가장 가난했다.

먼저 온 부자부터 랍비의 방에 안내되었다. 부자는 한 시간이 지나서야 방에서 나왔다.

다음에는 가난한 사람이 들어갔는데, 그는 5분 만에 상담이 끝났다. 그래서 가난한 사람이 랍비에게 따지듯이 말했다.

"랍비님, 부자한테는 한 시간이나 상담해 주고, 나에게는 고작 5분만 해주시니, 사람을 차별하시는 겁니까?"

그러자 랍비가 대답했다.

"아, 진정하시오. 당신이 가난하다는 것은 이내 알 수 있었소. 그러나 부자인 그 사람의 마음이 가난하다는 걸 알기까지는 한 시간이나 걸렸다오."

칠면조

어떤 나라에 왕자가 있었다. 그런데 이 왕자는 자신이 칠면조라고 생각했다. 그래서 옷을 벗고 식탁 아래에서 음식을 쪼아먹었다.

왕자의 병세는 깊어만 갔다. 의사들이 고치려고 했으나 소용이 없었다. 왕과 신하들의 근심은 커져만 갔다.

그러던 어느날 한 현자가 찾아와 왕자님의 병을 고칠 수 있다고 하였다. 그는 자신도 옷을 벗고 식탁 아래로 내려가서 왕자와 똑같이 음식을 쪼아먹었다. 그러면서 왕자에게 말했다.

"나도 칠면조입니다. 우리 친구합시다."

그렇게 현자는 왕자와 같이 생활했다. 왕자가 현자를 신뢰할 만큼 충분한 시간이 흘렀다. 그러자 현자가 왕자에게 "칠면조라고 옷을 입지 말라는 법이 있습니까?"라며 옷을 주워 입었다. 그러자 왕자도 따라서 옷을 주워 입었다.

그러더니 이번에는 왕자가 먼저 의자에 앉으며 말했다.

"칠면조라고 의자에 앉아 먹지 말란 법이 있습니까?"

그렇게 왕자는 조금씩 치료되어 갔다.

깨진 그릇

주인이 값지고 비싼 그릇 세트를 선물로 받았다. 하나하나 아주 기가 막히게 만들어진 그릇들이었다. 종들이 귀한 그릇 세트를 받아 조심스럽게 진열장에 넣어 두려고 했다.

그러자 주인이 그릇 세트를 가져오라고 하더니 마룻바닥에 힘껏 내리쳤다. 그릇들은 순식간에 박살이 났다.

종들이 깜짝 놀라서 주인에게 물었다.

"주인님, 왜 그 비싼 그릇을 깨뜨리셨습니까?"

그러자 주인이 말했다.

"나는 내 성격을 잘 안다. 나는 성격이 급하고 화를 잘 낸다. 언제고 저 그릇을 부주의한 종이 깨뜨릴 터인데, 그러면 내가 화를 참지 못하고 그를 매질하거나 벌을 주겠지. 그러기 전에 내가 먼저 깨뜨리는 것이 더 낫다고 생각해서다."

탈무드에는 사람이 물건보다 소중하다고 가르친다.

사자와 인간사

사자가 아프다는 소문이 돌자 모든 동물들이 병문안을 왔다.

병이 낫기를 바라며 온 이도 있었고, 그의 고통을 보고 즐기는 부류도 있었으며, 그의 권력을 물려받고 싶은 자도 있었다.

사자의 병이 깊어 죽었는지 살았는지 알 수조차 없게 되자, 소는 뿔로 사자를 들이받고 암소는 발굽으로 마구 짓밟았다. 여우는 이빨로 사자의 귀를 물어뜯고, 수탉마저 부리로 그의 눈과 이빨을 쪼아댔다.

그때 사자의 영혼이 돌아와 자신의 고통을 보고 즐거워하는 동물들을 보며 말했다.

"아! 내가 힘이 없어지니 저렇게 나를 멸시하는구나! 권력과 힘이 떨어지니 친구도 적으로 변한다는 사실을 왜 이제야 알았을까?"

야곱과 아내

1데나리온은 옛날에 노동자의 하루 품값이었다.

야곱은 다음날 아침까지 500데나리온을 갚아야 했기에 방안을 이리저리 왔다 갔다 하며 근심했다. 아내 리브가가 그런 야곱을 보고 물었다.

"왜 그렇게 불안해 하세요?"

"아니, 당신은 걱정도 안 되오? 내일까지 그 돈을 갚아야 한단 말이오."

리브가가 말했다.

"걱정하면 갚을 방도가 생기나요?"

"아니, 방도야 없지. 그러면 내가 벌써 갚았지."

그러자 리브가가 말했다.

"그렇다면 주무세요. 못 받을까 봐 걱정되는 쪽은 빌려준 사람일 테니까요."

걱정한다고 문제가 해결되지 않는다.

좋은 항아리를 얻으면
바로 그날부터 사용하라.
내일이면 깨져 못쓰게 될지도 모른다.

친구가 당신에게 꿀처럼 달다고 하더라도
그것을 전부 빨아 먹으면 안 된다.

12

·

돈

유대인의 금융

유대인들은 돈을 모으는 것을 중요하게 생각하지만 부정한 방법을 사용하지 않습니다. 탈무드는, 사람이 죽어서 하늘나라에 가면 "너는 거래에서 정직했느냐?"라고 묻는다고 했습니다. 유대인들은 장사를 할 때도 정직을 중요시하였고, 사회에 대한 책임으로 기부를 중요하게 여겼습니다.

성서에는 부자가 천국에 들어가는 것이 낙타가 바늘구멍을 지나는 것보다 어렵다고 했습니다. 그래서 마치 부자가 되면 안 되는 것처럼 생각하는데, 실제는 그렇지 않습니다. 낙타는 원어로 '카멜로스'인데, 비슷한 '카밀로스'는 굵은 줄이라는 뜻입니다. 옛날 바늘은 큼지막해서 '굵은 줄'은 잘하면 들어갑니다. 부자에게는 그만큼 책임과 의무가 필요하다는 뜻입니다.

북아메리카 연안에 네덜란드가 세운 도시가 있습니다. 이름은 '뉴암스테르담'입니다. 이곳에 여러 명의 유대인이 탄 배가 도착했습니다. 다음해 도시의 외벽을 쌓기 위해 사람들로부터 기부금을 모았습니다. 이때 유대인들은 많은 기부금을 냈습니다. 그래서 세워진 곳이 오늘날 뉴욕의 월가입니다.

돈의 가치

유대인은 돈을 좋은 것이라고도 나쁜 것이라고도 말하지 않는다. 돈이 있으면 인생에 많은 기회가 주어진다고 생각할 뿐이다.

유럽의 유대인들이 이름을 가지게 된 계기가 있었다.

각 나라에서는 돈을 더 거둬들이기 위해 유대인에게 강제로 이름을 팔았다. 그런데 그때 돈이 있으면 좋은 이름을 살 수 있었고, 돈이 없으면 좋지 않은 이름을 사야 했다.

이름조차도 돈에 따라 달라질 수 있었다. 예를 들면 장미를 뜻하는 '로젠타르'나 귀금속을 뜻하는 '아이젠버그'는 비싸게 팔렸고, 늑대를 뜻하는 '볼프강$Wolfgang$'처럼 짐승이나 새를 뜻하는 이름은 싼값에 팔렸다.

돈이 더 많은 기회를 제공하는 것은 분명한 사실이다.

성서에도 돈이 나쁜 것이 아니라 돈을 사랑하는 마음이 나쁜 것이라고 했다.

유대인들이 인간을 평가하는 세 가지 기준

첫 번째, 키소(돈 넣는 주머니).
'돈을 어떻게 쓰는가?'
두 번째, 코소(술 마시는 잔).
'술을 점잖게 마시는가?'
세 번째, 카소(사람의 노여움).
'얼마나 참을성이 있는가?'

거절의 고수

랍비가 생활이 어려워 생선장수를 했다. 이 랍비는 늘 은행 건너편에 좌판을 펼쳐 놓고 장사를 했다. 얼마가 지났을 때 건너 마을에 사는 친구가 찾아왔다.

"이보게, 장사는 잘되는가?"

"그럭저럭 할 만하네."

그러자 친구가 돈을 빌려 달라고 했다.

"그러면 혹시 10루블만 빌려줄 수 있겠나?"

랍비는 친한 사이라 빌려주고 싶었지만 자기도 형편이 어려워 생선을 팔고 있는 처지라 거절해야겠다고 결심하고 친구에게 이렇게 말했다.

"자네, 혹시 저 건너편에 있는 은행이 보이는가? 난 여기서 장사를 시작하면서 저 은행과 협상을 했네. 내가 사람들에게 돈을 빌려주지 않는 대신, 은행에서도 생선을 팔지 않기로 말일세."

그래서 친구는 아무 말도 하지 못하고 돌아갔다.

사람은 거절의 기술도 있어야 한다.

기부금

수장절은 유대인들이 광야에서 고생하던 때를 기념하기 위해 지키는 명절이다. 이때에는 누룩을 넣지 않은 떡인 '무교병'을 먹는다.

수장절에 무교병을 나눠 주기 위해 회당에서 기금을 모금하면서 부자 구두쇠에게 기부를 해달라고 했다. 그랬더니 쥐꼬리만큼 기부를 했다. 그러자 사람들이 빈정거리며 말했다.

"당신 아들은 어린데도 당신보다 더 많은 기부를 했소."

그러자 부자 구두쇠가 말했다.

"그야 당연하지! 아들에겐 부자인 아버지가 있지만 나에게는 부자인 아버지가 없지 않소?"

더 이상 사람들은 아무 말도 하지 못했다.

바보들의 장사

노엘과 시몬이라는 유대인 두 젊은이가 있었다. 그들은 작은 마을에서 함께 술집을 경영하고 있었다.

어느 날 그들은 모은 돈을 털어 시내로 가서 위스키 한 통을 사서 돌아오는 중이었다. 러시아의 겨울은 혹독해서 마차를 몰고 오는 동안 위스키 생각이 간절했다. 그러나 팔아야 할 위스키를 먹지 않기로 둘은 굳게 약속했기에 참아야 했다. 그들의 한 달 생계가 걸려 있기 때문이다.

그러나 매서운 추위는 더욱 술 생각을 나게 했다.

노엘이 주머니를 뒤져 보니 5루블짜리 동전이 하나 있었다. 그래서 친구에게 주면서 이렇게 말했다.

"시몬, 나에게 5루블이 있네, 뒤에 있는 통에서 자네 몫의 위스키를 나에게 한 잔 팔게나."

그래서 시몬은 돈을 받고 위스키 한 잔을 팔았다.

한참을 가다 시몬이 바지 주머니에 손을 넣었더니 자기에게도 5루블이 있는 게 아닌가. 그래서 친구에게 말했다.

"노엘, 나에게도 5루블이 있었네. 뒤에 있는 통에서 나에게

자네 몫의 위스키를 한 잔 팔게나."

　그렇게 둘은 주거니 받거니 하였다.

　그들이 마을에 돌아왔을 때 술통은 빈통이 되어 있었다.

이승과 저승

가난한 상인이 회당에서 랍비의 가르침을 듣고 있었다.

"이 세상에서 가난한 사람은 저 세상에서는 부자가 될 것입니다. 이 세상에서 부자인 사람은 저 세상에서는 가난하게 될 것입니다. 신은 누구에게나 공평하기 때문입니다."

그러자 가난한 상인이 랍비에게 말했다.

"랍비님, 제가 저 세상에서 부자가 된다는 말씀이시죠?"

"그렇습니다."

"랍비님, 그러면 저에게 100루블만 빌려주십시오. 제가 저 세상에서 부자가 되면 갚겠습니다."

"그걸로 무엇을 하려고 하십니까?"

"저는 그걸로 장사를 해 부자가 되려고 합니다."

그러자 랍비가 대답했다.

"그러면 돈을 빌려 드릴 수 없습니다. 당신이 이 세상에서 부자가 되면 저 세상에서 가난해질 것이고, 그러면 빌린 돈을 갚지 못하게 될 텐데 어떻게 돈을 빌려줄 수 있겠습니까?"

공짜

어떤 사람이 기적을 일으킨다는 랍비를 찾아와 1굴덴을 주었다. 굴덴은 예전 신성로마제국에서 사용하던 화폐다. 랍비가 그것을 받아 챙기며 물었다.

"무엇을 해 드릴까요? 사업이 번창하게 해 달라고 왔나요?"

그는 아니라고 했다. 그러면서 1굴덴을 주었다. 랍비는 그것을 받아 챙기며 물었다.

"그러면 아내가 자식을 못 낳아 기도해 달라고 왔나요?"

그는 아니라고 했다. 그러면서 다시 1굴덴을 주었다. 랍비는 그것을 받아 챙기며 물었다.

"무슨 중대한 범죄라도 저질러 기도해 달라고 왔나요?"

이번에도 아니라고 하면서 또다시 1굴덴을 주었다. 랍비는 그것을 받아 호주머니에 넣으며 물었다.

"그렇다면 도대체 무엇이 알고 싶어 나를 찾아온 거요?"

그러자 그가 대답했다.

"저는 사람이 아무것도 하지 않고 공짜로 얼마까지 받는지 알고 싶었을 뿐입니다."

의사와 악마의 차이

정직하지 않은 의사는 저승사자의 친구다.
의사가 필요할 때, 환자들은 그를 신처럼 존경한다.
병이 회복되면, 환자들은 그를 구원의 신으로 생각한다.
그러나 병을 고치지 못하면, 환자들은 그를 평범한 인간이라 생각한다.
그리고 마지막에 의사가 계산서를 보내면, 환자들은 그를 악마라고 생각한다.

12. 돈

너무 많이 움켜쥐면
하나도 잡지 못한다.

변변치 못한 사람은
다른 사람의 수입에만 관심을 두고
정작 자신의 손해에 대해서는 관심을 두지 않는다.

13

가정

결혼이란?

성서는 결혼에 대해 '남녀가 부모를 떠나 한몸이 되는 것'이라고 하였습니다.

그런데 여기서 '한몸이 된다'는 것은 육체적인 하나를 말하는 것이 아닙니다. 이것은 원어로 '쉰-쥐고노모스'인데 '함께 멍에를 메고 간다'는 뜻입니다.

부부는 함께 멍에를 메고 가는 사이라는 것입니다. 어렵고 힘든 일도 함께해야 한다는 뜻입니다. 멍에를 멘 한쪽이 기울면 밭을 갈 수 없습니다.

부부는 서로 도와주며, 세워주며, 한몸이 되어야 한다는 뜻입니다.

아담과 여자

아담이라는 이름은 히브리어로 '땅, 남자'라는 뜻이다.
태초의 인간이 흙으로 만들어졌다고 했는데, 신기하게도 사람이 죽으면 흙으로 돌아간다.
탈무드에는 이런 글이 있다.

신이 남자의 갈비뼈로 여자를 만들었다.
머리로 만들지 않은 이유는 여자가 남자를 지배해서는 안 되기 때문이고, 발로 만들지 않은 이유는 남자와 여자의 차별이 있어서는 안 되기 때문이다.
갈비뼈로 만든 이유는 마음에 가까이 두고 서로 위해주라는 뜻이다.

아담과 아다마

토라에 보면, 신이 인간을 창조하는 이야기가 두 번 나온다.

하나는 남자를 만들고 갈비뼈로 여자를 만들었다고 나오고, 하나는 남자와 여자를 동시에 만들었다고 나온다.

남자에게서 여자가 나왔다는 표현은 무엇일까?

히브리어로 '아담'은 흙의 남성명사이고 '아다마'는 흙의 여성명사이다. 남자에게서 여자가 나왔다는 표현이 '아담에서 아다마가 나왔다'로 되어 있다.

남자와 여자가 똑같이 흙으로 만들어졌다는 뜻이다.

그러므로 둘은 동등하고 어떠한 차별도 있어서는 안 된다.

거룩한 성性

성서에 '아담이 그 아내 이브를 알게 되었다'는 표현이 있다. 여기서 '알다'는 히브리어로 '야다'인데, 정확하게 남녀 간의 성관계를 뜻한다. 성행위를 하는 것은 '서로 아는 일'이라는 의미다.

탈무드에서는 남편과 아내 사이의 성행위는 신성한 것이라고 가르친다. 부끄럽거나 추한 것이 아니다. 만약 성행위가 부끄러운 것이라면 신이 만든 성기도 부끄러운 것이다. 그렇다면 신이 완전하다는 것을 부정하는 것으로 신성모독이 된다.

문제는 성기를 어떻게 쓰느냐가 중요하다. 손은 성서를 옮겨 쓰고 있을 때 신을 찬양하는 도구가 된다. 그러나 나쁜 짓을 저지를 때 손은 악한 부분이 된다. 성기도 마찬가지이다. 이것을 통해서 새로운 생명이 태어나고 보존되도록 신이 만드셨다. 그러나 잘못 사용하면 이것만큼 악하고 더러운 것이 없다.

현자들은 금요일 밤을 성행위의 가장 적당한 날로 꼽는다. 왜냐하면 이 날이 성스러운 안식일이기 때문이다.

성행위는 축복받는 일이고 성스러운 일이라는 의미다.

잔소리하는 아내

어떤 랍비에게 잔소리가 심한 아내가 있었다. 그런데 랍비는 그런 아내의 잔소리를 참아내며 인내했다. 친구가 그것을 보고 이렇게 말했다.

"참으로 자네의 인내심은 대단하네. 어떻게 저런 아내를 참고 견딘단 말인가? 나 같으면 당장 이혼하고 갈라섰을 걸세."

그 말에 랍비가 대답했다.

"이것도 다 신의 뜻이라네."

그러자 친구가 대답했다.

"아니, 그게 무슨 말인가? 그렇다면 신이 잘못해서 저런 여자를 만나게 하셨다는 건가?"

랍비가 대답했다.

"그게 아닐세, 만약 내 아내가 인내심 없는 사람과 결혼했다고 생각해 보게. 그러면 벌써 파국을 맞이했을 것이네. 그러므로 신은 잔소리를 참아낼 수 있는 나에게 맡기신 거라네. 신은 그 일을 행하실 때 당신이 무슨 일을 하는지 알고 계셨음에 틀림없네."

말로 표현하라

부부가 랍비를 찾아가 상담했다.

아내가 말했다.

"저는 항상 남편을 위합니다. 늘 깨끗하게 옷을 준비해 놓고 돌아오면 맛있는 밥을 준비해 차려줍니다. 그러나 남편은 저를 사랑하지 않나 봐요."

남편이 말했다.

"그게 무슨 말이요? 나도 항상 당신을 먼저 배려한단 말이오. 말로 하지 않는다고 사랑하지 않는 게 아니잖소?"

그러자 랍비가 대답했다.

"마음속에 있는 말은 말이 아닙니다."

사랑하는 사람에겐 결점이 보이지 않고
싫어하는 사람에겐 장점이 보이지 않는다.

사랑할 땐 칼날 위에서도 잘 수 있지만
싫어할 땐 운동장만한 침대도 좁게 느낀다.

아버지가 남과 다툴 때
자식은 다른 사람 편을 들면 안 된다.

남들이 모두 울고 있을 때는 웃지 마라.

14

마침

탈무드 나가기

중년의 제자가 스승인 랍비를 찾아왔다.
랍비가 물었다.
"너는 평생 무엇을 하였느냐?"
제자가 대답했다.
"저는 평생 탈무드 전체를 세 번 통과했습니다."
그러자 스승이 다시 물었다.
"그러면 탈무드의 얼마만큼이 너를 통과하였느냐?"

탈무드 필사

1쇄 발행 2025년 8월 13일

옮긴이 최영

펴낸이 김제구
펴낸곳 리즈앤북
표지디자인 김민주
편집디자인 DESIGN MARE

출판등록 제2002-000447호
전화 02-332-4037 팩스 02-332-4031
이메일 ries0730@naver.com

값은 뒤표지에 있습니다.
ISBN 979-11-90741-55-2(03840)

이 책에 대한 무단 전재 및 복제를 금합니다.
파본은 구입하신 서점에서 교환해 드립니다.